W0322531

Eva Demmerle

Der Habsburg-Faktor

Eva Demmerle

Der Habsburg-Faktor

Visionen für das neue Jahrtausend

Eva Demmerle im Gespräch mit Otto von Habsburg

Erich Lejeune ELEM Edition Mensch

Bibliografische Information der Deutschen Nationalbibliothek
Die Deutsche Nationalbibliothek verzeichnet diese Publikation in der Deutschen Nationalbibliografie.
Detaillierte bibliografische Daten sind im Internet über http://dnb.d-nb.de abrufbar.

ISBN 978-3-636-01523-5

© 2007 by Redline GmbH, Heidelberg.
Ein Unternehmen von Süddeutscher Verlag | Mediengruppe.

Alle Rechte, insbesondere das Recht der Vervielfältigung und Verbreitung sowie der Übersetzung, vorbehalten. Kein Teil des Werkes darf in irgendeiner Form (durch Fotokopie, Mikrofilm oder ein anderes Verfahren) ohne schriftliche Genehmigung des Verlages reproduziert oder unter Verwendung elektronischer Systeme gespeichert, verarbeitet, vervielfältigt oder verbreitet werden.

Umschlaggestaltung: Vierthaler und Braun, München
Umschlagabbildung/Autorenfoto: getty images, München
Satz: M. Zech, Redline GmbH
Druck: Ebner & Spiegel, Ulm
Printed in Germany

„Habt keine Angst!“

Papst Johannes Paul II.
bei seinem ersten Besuch in Polen 1979

„Ich bin froh, seid Ihr es auch!“

Papst Johannes Paul II.
kurz vor seinem Tod im Jahr 2005

***

Dieses Buch ist Papst Johannes Paul II. gewidmet,
dem großen Nachfolger Petri.
Seine Kraft und seinen klare Linie waren mitbestimmend
für den Fall des Eisernen Vorhangs und die Freiheit
unseres Kontinents.

Inhaltsverzeichnis

Vorwort

Otto von Habsburg steht wie ein „Fels“ der Klarheit, der Wahrheit, der Zuversicht, der Verantwortung und der Menschlichkeit für Europa. Otto von Habsburg ist der Vordenker unseres heutigen Europas. Als ich ihn Anfang des neuen Jahrtausends in meiner Fernsehsendung „Motivation Deutschland!“ als Gast interviewen durfte, infizierte er mich mit seiner unglaublichen Motivationskraft dermaßen, dass ich diese Energie bis heute in mir trage.

Der Sohn des letzten österreichischen Kaisers und langjährige Abgeordnete des Europaparlaments ist ein Mensch der Werte, der Disziplin, des Glaubens und der Lebensfreude. Mit seiner Weisheit und seiner großen Kultur der Nachdenklichkeit, der Herzlichkeit, aber auch der Einfachheit, ist er Vorbild für Millionen von Menschen in Europa.

Ich bin sehr stolz, dass er zusammen mit seiner langjährigen Assistentin und Habsburg-Expertin, Frau Eva Demmerle, das Buch *„Der Habsburg-Faktor“* bei Erich Lejeune – Edition Mensch im Süddeutschen Verlag herausgibt.

In vielen Gesprächen habe ich Dr. von Habsburg mit seiner unermüdlichen Energie für Europa und seine Menschen persönlich erleben dürfen. Es ist eine wahrlich hohe und große Ehre, diese Jahrtausendpersönlichkeit Otto von Habsburg kennen und schätzen zu dürfen.

Er steht auch in seinem 95. Lebensjahr mehr denn je für die Zukunft Europas. Er ist einer der großen Politiker und Zeitzeugen des letzten und wie auch des neuen Jahrhunderts. *„Der Habsburg-Faktor“* wird auch Sie begeistern, motivieren und überzeugen!

Erich Lejeune, im Mai 2007, Herausgeber Edition Mensch

Otto von Habsburg – ein Mann von vorgestern und übermorgen

Wenn man Otto von Habsburg fragt, welcher große Staatsmann ihn am meisten beeindruckt hat, dann sagt er für gewöhnlich Charles de Gaulle. Dieser Mann habe große Visionen gehabt und man habe über ihn gesagt, er sei der „Mann von vorgestern und übermorgen“. Das trifft auf Otto von Habsburg vielleicht noch viel eher zu. Geboren wurde er im Jahr 1912, am Vorabend des Ersten Weltkrieges als Kronprinz von Österreich-Ungarn, zugehörig jener Familie der Habsburger, die über 700 Jahre die Politik in Europa und darüber hinaus maßgeblich mitbestimmte. Zu seinen Vorfahren zählen nahezu alle Kaiser des Heiligen Römischen Reiches Deutscher Nation, darunter große Persönlichkeiten wie Kaiser Rudolf II., Kaiser Karl V. und auch Kaiserin Maria Theresia. Diese Familie lässt sich keiner Nation zuordnen, sie war und ist eine europäische Familie.

Ausgestattet mit einem riesigen politischen Genius geriet Otto als eben 20-jähriger in die Politik – zunächst in die Auseinandersetzung mit dem Nationalsozialismus, später im Exil durch die Beschäftigung mit dem Schicksal seiner Heimat bzw. seiner Heimaten, denn nicht nur dem heutigen Österreich fühlt er sich verbunden. In Ungarn, Kroatien, Tschechien, der Slowakei fühlt er sich ebenso zu Hause wie in Bosnien oder Galizien. Der Kampf gegen das System von Jalta sollte sein Leben über viele Jahrzehnte prägen. Bis heute ist die europäische Einigung bestimmend für sein Leben und seine Politik. Mit der großen Erweiterungsrunde im Jahr 2004, mit dem Beitritt Rumäniens und Bulgariens in 2007 ist für Otto von Habsburg Europa noch lange nicht vollendet. Auch heute noch, als fast 95-jähriger setzt er sich voller Energie ein für die Aufnahme Kroatiens in die EU, für eine europäische Perspektive Bosniens und der Herzegowina, des Kosovo und Makedoniens. Ohne die Ukraine kann Europa nicht vollständig sein und ebenso nicht ohne die vielen anderen Völker, die ein Recht haben auf Europa, wie die Georgier und Armenier. Otto von Habsburg denkt an übermorgen, wenn er vor den Gefahren warnt, die uns bedrohen. Die Entwicklung in Russland hält er für höchst bedenklich für unseren Kontinent.

Vielfach zeigt sich, dass man nur dann eine vernünftige Politik für morgen, übermorgen machen kann, wenn man das Gestern und Vorgestern nicht vergisst und aus Vergangenem lernt. Die Erfahrungen, aus denen Otto von Habsburg heraus Politik betreibt und die Entwicklungen analysiert, stammen nicht nur aus seinem breiten historischen Wissen, sondern sind auch seine eigenen im Rückblick auf das 20. Jahrhundert. Er hat den Nationalsozialismus aufsteigen sehen, hat erlebt, wie Europa ein zweites Mal in einen Krieg geraten ist, der am Ende die Teilung unseres Kontinentes zur Folge hatte. Und er erlebt heute, wie sich Europa nach dem Fall der menschenverachtenden kommunistischen Ideologie wieder zusammenfindet, und wie die alten Räume, die natürlich zusammengehören, wieder zusammenwachsen.

Homo politicus

Es ist nur zu verständlich, dass Otto von Habsburg sich als Europäer definiert. Haben doch seine Vorfahren überall auf unserem Kontinent, aber auch in der Neuen Welt ihre Spuren hinterlassen. Er selbst hat heute vier Pässe, d.h. vier Staatsangehörigkeiten: die deutsche, die ungarische, die kroatische und die österreichische. Es gab eine Zeit, unmittelbar nach dem Zweiten Weltkrieg bis in die 50er-Jahre hinein, da hatte er gar keinen Pass, daher scherzt er heute manchmal, man könne nie genug Pässe haben. Seine sieben Kinder leben in Deutschland, in Spanien, in Schweden, in Österreich und in Ungarn. Einige von ihnen sind auch wiederum in der Politik tätig, und so setzt sich die politische und europäische Mission des Hauses Habsburg fort.

Otto von Habsburg ist ein homo politicus, ein durch und durch politischer Mensch. Wer erwartet, dass sich jenseits des öffentlich bekannten Politikers, jenseits des viel gefragten Redners, jenseits des Publizisten eine andere Persönlichkeit verbirgt, wird enttäuscht sein. Aber genau das macht auch seine Authentizität aus und seine Glaubwürdigkeit. Man glaubt ihm, was er sagt, denn unbewusst spüren viele Menschen, dass er das auch lebt, was er sagt. Otto von Habsburg hat immer eine klare Linie gehabt, von der er nie abgewichen ist. Da ist wenig Platz für die Worthülsen, die manche Politiker heute verbreiten. Mehr Authentizität und weniger Arroganz, das könnte man manchem ins Stammbuch schreiben. Otto von Habsburg hat die Menschen immer ernst genommen und war sich nie zu fein dafür, auch zu kleinen politischen Versammlungen zu gehen und Reden zu halten, wenn andere gesagt haben, sie gingen nur dann, wenn mindestens 50 Zuhörer da sein werden. Noch heute erhält jeder, der ihm einen Brief nach Pöcking schreibt, eine Antwort.

Erholung oder Urlaub im klassischen Sinne kennt er nicht. Eine Woche nur am Strand mit Nichtstun zu verbringen, war und ist ihm total fremd. Innerhalb der Familie wird gescherzt, wenn er müde ist, möge er doch bitte einen Artikel schreiben, danach sei er wieder frisch. Und so ist es auch. Unablässig arbeitet er, Briefe werden sofort beantwortet, Dinge nicht liegengelassen, sondern sofort erledigt. Die berühmte Formel mancher Organisationsgurus, man solle ein Blatt nur einmal in die Hand nehmen, hat er schon beherzigt, als sie noch lange nicht formuliert war. Und wenn einmal die Arbeit ausgeht, was kaum vorkommt, dann werden umgehend neue Unternehmen in Angriff genommen. Er ist ein Arbeitstier, aber in positivem Sinne. Otto von Habsburg hat Freude an der Arbeit und das mag auch ein Geheimnis seines langen Lebens sein. Auf der einen Seite hat er die große Verpflichtung übernommen – seine Mutter ließ den knapp zehnjährigen Buben am Totenbett des Vaters schwören, er möge seinen Völkern ein genauso guter Fürst sein, wie sein Vater es gewesen ist – aber diese Verpflichtung war ihm nie eine Last, sondern eher Lust. Hier sind bei ihm politische Begabung und die Pflicht eine glückliche Verbindung eingegangen. Natürlich gehören auch Fleiß und Disziplin zum Erfolg. Ottos Mutter, Kaiserin Zita, hat ihre Kinder äußerst streng erzogen. Wenngleich das nicht immer angenehm gewesen sein mag, so ist Otto doch heute seiner Mutter überaus dankbar. Die Disziplin ist ihm in Fleisch und Blut übergegangen.

Die großen Schicksalsdaten des 20. Jahrhunderts sind auch die persönlichen Schicksalsdaten von Otto von Habsburg. Der Ausbruch des Ersten Weltkrieges in 1914, dessen Ende und der Zusammenbruch der Monarchie 1918, der Anschluss Österreichs 1938, der Zweite Weltkrieg, der ungarische Aufstand 1956, der Fall des Eisernen Vorhangs 1989 und die große Erweiterung der Europäischen Union im Jahre 2004 – mit allen diesen Ereignissen war und ist er engstens verbunden. Auf gewisse Weise repräsentiert sein Leben das 20. Jahrhundert, welches im Grunde genommen 1914 mit dem Ausbruch des Ersten Weltkrieges begann und 2004 mit der Erweiterung der Europäischen Union sein Ende fand, mit all seinen Verwerfungen und dem Neuanfang.

In Europa gehen die Lichter aus

Als Otto im Jahr 1912 geboren wurde, schien die Welt, das alte Europa, noch in Ordnung zu sein. Die Tragödie des

Jahrhunderts zeichnete sich nur schwach am Horizont ab. Seine Eltern waren Erzherzog Karl und Erzherzogin Zita, geborene Prinzessin von Bourbon-Parma. Noch lebte der alte Kaiser Franz Josef, ein Symbol seines Reiches, noch lebte Erzherzog Franz Ferdinand, der den Thron vom alten Kaiser erben sollte. Mit dem 28. Juni 1914 wurde auf einmal alles anders. Bei einem Manöverbesuch in Sarajewo erschoss der serbische Nationalist Gavrilo Princip Erzherzog Franz Ferdinand, den Thronfolger der österreichisch-ungarischen Monarchie, und dessen Frau, Herzogin Sophie von Hohenberg. Das war ein ungeheuerlicher Schlag in das Gesicht der altehrwürdigen Donaumonarchie, der nicht hinnehmbar war. Der alte Kaiser und seine Regierung stellten ein Ultimatum an Serbien, um die wahren Drahtzieher des Attentats zu fassen. Serbien lehnte die entscheidenden Punkte ab. Es kam zur berühmten Julikrise des Jahres 1914, in deren Folge Europa in einen Krieg hineinschlitterte, dessen Ausmaße von kaum jemandem geahnt wurden. Durch die starren Bündnissysteme, die in den vorausgegangenen 30 Jahren konstruiert worden waren, fielen die Kriegserklärungen wie Dominosteine, eine auf die andere, und Europa befand sich im Krieg. Ein amerikanischer Diplomat fand die Worte „In Europa gehen die Lichter aus“, und er hatte nicht Unrecht damit.

Mit einem Schlag standen das junge Ehepaar Karl und Zita im Zentrum der Politik. Die Familienidylle hatte ihr Ende. Karl war nun Thronfolger und sah sich damit mannigfaltigen Aufgaben gegenüber. Zita siedelte mit den Kindern auf Wunsch des alten Kaisers nach Schönbrunn über, während Karl in dessen Auftrag als Verbindungsoffizier oftmals an der Front seinen Dienst versah. Der Erste Weltkrieg war ein Krieg der neuen Technologien, dennoch hatte kaum einer der Verantwortlichen mit dem entsetzlichen Abschlachten gerechnet, was stattfand. In Europa hatte man noch immer die Vorstellung der alten „Kabinettskriege“. Nun aber wurden die neuen Erfindungen der Massenvernichtungswaffen gnadenlos eingesetzt – es gab Panzer, Flugzeuge, Unterseeboote, Maschinengewehre und Gas. Erzherzog-Thronfolger Karl sah dies alles und das Elend in den Schützengräben. Er fühlte die Verantwortung, dies alles zu beenden.

Am 21. November 1916 starb Kaiser Franz Josef im Alter von 86 Jahren und der junge Karl, gerade 28 Jahre alt, erbte als neuer Kaiser ein riesiges Reich mit 14 Nationen, mitten im Krieg, gebeutelt von sozialen Problemen, durch die Nationalitätenkonflikte zum Zerreißen gespannt. Otto erinnert sich heute noch an das Begräbnis von Kaiser Franz Josef, an dem er, an der Hand seiner Eltern, teilnahm. Obwohl ein Kind von erst vier Jahren, begriff er schon die Tragweite dieses Ereignisses, zwar in kindlichen Dimensionen, doch beeindruckten ihn „die vielen großen Leute in Schwarz". Auch die Krönung seines Vaters zum König von Ungarn, wenige Wochen später am 30. Dezember in Budapest, ist Otto von Habsburg bis heute präsent.

Von nun an sehen Otto und seine Geschwister ihren Vater nur sehr selten. Karl nahm seine Regierungsgeschäfte sehr ernst, vor allem aber versuchte er unablässig, den Krieg zu beenden. Seine Bemühungen um einen Frieden blieben leider erfolglos. Der aussichtsreichste Friedensversuch, die sogenannte Sixtus-Mission seines Schwagers Sixtus von Bourbon-Parma, versandete im Unwillen der mächtigen Kriegsgegner Frankreich und England. Trotz seines ernsthaften Bemühens und seines guten Willens konnte Kaiser Karl die Niederlage nicht aufhalten. Nach fast 700 Jahren fiel das Habsburger Reich im November 1918 in sich zusammen, die Nationen riefen ihre kleinen Nationalstaaten aus. Das nunmehr kleine, republikanische Österreich konnte die Anwesenheit der kaiserlichen Familie nicht mehr in ihrem Land ertragen. Auf Druck der Regierung unter Karl Renner verließ der letzte Kaiser im März 1919 seine Heimat und ging mit seiner Familie ins Exil in die Schweiz. Österreich erließ im gleichen Monat die sogenannten Habsburgergesetze, mit denen die komplette Enteignung – auch des privaten Besitzes – der Habsburger einherging. Die Dynastie, der Österreich seine Existenz und seinen Ruhm verdankte, wurde wie ein Verbrecher aus dem Land gejagt.

Spätestens von diesem Zeitpunkt an kann von einer glücklichen Kindheit Ottos nicht mehr die Rede sein. In den kommenden Jahren folgte Umzug auf Umzug, Land auf Land. Während der kommenden zwei Jahre in der Schweiz versuchte der Kaiser zweimal, seinen Thron wenigstens in Ungarn zurückzubekommen, bis ihn die Alliierten, um ihn loszuwerden, auf die Atlantikinsel Madeira verbrachten. Dort endet die letzte Station seines Kreuzwegs. Gezeichnet von den Anstrengungen und der Erschöpfung der letzten Jahre, erliegt Karl am 1. April 1922 einer Lungenentzündung. Otto ist bei der Letzten Ölung dabei und kniet am Bett, als sein Vater stirbt. Zu diesem Zeitpunkt ist er keine zehn Jahre alt.

Neuanfang in Spanien

Mit dem habsburgischen Hausgesetz ist nun Otto als der älteste Sohn der neue Kaiser. Seine Mutter, Kaiserin Zita, sieht sich in einer fast verzweifelten Lage. Sie selbst ist nun knapp 30 Jahre alt, Mutter von sieben Kindern, hochschwanger, das achte Kind soll zwei Monate nach dem Tod ihres Mannes zur Welt kommen. Sie ist „Exkaiserin“ eines in seine nationalistischen Bestandteile zerfallenen Reiches, trägt die Verantwortung für ihre Kinder und das kleine Gefolge und ist fast völlig mittellos. Die Nachfolgestaaten der Monarchie und die Alliierten verweigerten jegliche finanzielle Unterstützung bzw. die Herausgabe des Privatvermögens der Habsburger. Eine nahezu unmögliche Situation.

Hilfe kommt in jenem Moment von König Alfonso von Spanien. Er bietet der kaiserlichen Familie gegen den Willen der Alliierten in seinem Land eine Heimstatt. Zita und ihre Familie lassen sich nun in Lequeitio im Baskenland nieder, wo sie die kommenden Jahre verbringen. Die Kinder werden von Privatlehrern unterrichtet und zwar nach doppeltem Programm – dem österreichischen und dem ungarischen. Die Kaiserin kennt dabei nur einen Grundsatz: viel, viel, viel und das alles möglichst schnell. Otto erlebt und durchlebt ein strenges Lernprogramm, in dem Geschichte, Politik und Sprachen den Hauptschwerpunkt bilden, aber auch verschiedene Sportarten gehören dazu, wie Reiten, Schwimmen und Fahrradfahren. Aus dieser Zeit stammt auch Ottos Interesse für die großen Radtouren, die Tour de France und die Vuelta von Spanien. Heute bedauert er manchmal, dass seine Mutter die musischen Fähigkeiten der Kinder nicht gefördert hatte. Bis heute hat er wenig Sinn für Kunst und Musik. Letztere liebt er aber besonders, wenn sie rhythmisch ist. Die Feinheiten der klassischen Musik sind ihm fremd, aber er hört gerne den amerikanischen Jazz der 40er- und 50er-Jahre, ungarische Zigeunergeiger oder aber die melancholischen Gesänge der kroatischen Tamburizzas.

Mit der Zeit gelang es Zita, das Reiseverbot, mit dem die Alliierten die Witwe und ihre Kinder belegt hatten, aufzuweichen. Und so war es möglich, dass Otto zur Vervollkommnung seiner französischen Sprache ein Jahr an der Schule der Benediktinerabtei in Clervaux in Luxemburg verbrachte. Doch eine andere Frage war drängender. Otto sollte studieren, aber wo? In Spanien zu bleiben, erschien unklug, da sich am Horizont bereits das Wetterleuchten des Spanischen Bürgerkriegs abzeichnete. Zita, die ihre Verantwortung für ihre Kinder und insbesondere für Otto sehr ernst nahm, entschied sich schließlich für die Universität von Louvain, die zur damaligen Zeit einen ausgezeichneten Ruf hatte. Also übersiedelte die Familie nach Steenockerzeel in Belgien, zwischen Brüssel und Louvain gelegen, wo Otto dann schließlich im Jahr 1929 seine Studien der Staatswissenschaften aufnahm. Zuvor hatte er vor je einer österreichischen und ungarischen Prüfungskommission seine Matura mit der höchstmöglichen Auszeichnung abgelegt.

Hitler ante portas

Das Studium wickelt Otto mit dem gewohnten Fleiß und der dazugehörigen Disziplin ab. Sehr schnell bearbeitet er das enorme Pensum. Auf die Frage eines Professors, ob das denn nicht alles doch zuviel sei, antwortet er, er habe so viel Verantwortung, dass er gar nicht genug wissen könne. Immerhin hat seine Mutter seine Erziehung und Ausbildung in der Tat darauf ausgelegt, dass Otto eines Tages Kaiser wird. Vorläufig wird aber nur in kleinem Kreise die Volljährigkeit Ottos gefeiert, mit der er nach den Hausgesetzen die volle Verantwortung als „Kaiser" und Chef des Hauses übernimmt.

Zur Vorbereitung seiner Doktorarbeit geht Otto im Herbst 1932 nach Berlin, um am Institut des renommierten Agrarwissenschaftlers Professor Max Sering zu forschen. Sein Interesse konzentriert sich natürlich nicht nur auf den Zweck seines Aufenthaltes in der deutschen Hauptstadt. Während dieser letzten Monate der Weimarer Republik spricht er mit vielen Politikern über die gegenwärtige politische Lage und den aufsteigenden Nationalsozialismus. Dessen Gefahr hat er sehr frühzeitig erkannt, da er – wie er heute sagt – eine Meisterleistung vollbrachte mit der Lektüre von „Mein Kampf". Zu wenige haben es gelesen und noch viel weniger haben verstanden, was darin stand. Otto sah klar, worauf es hinauslaufen sollte: Hitler würde sich nicht mit der Macht in Deutschland begnügen, er strebte die Herrschaft über ganz Europa an, und sei es mit einem Krieg. Und als erstes würde der gebürtige Österreicher nach dem kleinen Österreich greifen. Das war auch der Grund, weshalb Otto sich konsequent geweigert hat, Hitler zu treffen, obwohl dieser zweimal um ein Gespräch angesucht hatte. Es war Hitler gelungen, den deutschen Kronprinzen für seine Zwecke einzuspannen. Das sollte sich mit dem österreichischen Kronprinzen nicht wiederholen. An sich hätte Otto liebend gerne dieses Gespräch geführt, aus rein politischem Interesse. Nie ist er einer interessanten politischen Konversation aus dem Wege gegangen, auch in der Überzeugung, dass, wenn man von seinen eigenen Ansichten überzeugt ist, man mit jedermann reden kann. Aber diese Situation war zu heikel. Dennoch spricht er mit vielen Nationalsozialisten und geht zu einigen Kundgebungen Hitlers, um sich von der Situation ein Bild zu machen.

Am Tag der Machtergreifung Hitlers, dem 30. Januar 1933, verlässt Otto Berlin, nicht aus politischen Gründen, sondern einfach, weil seine Arbeit dort beendet war. Zurück in Steenockerzeel, schließt er seine Doktorarbeit ab und beendet sein Studium mit Auszeichnung.

Die Kontakte zu Österreich reißen indes nicht ab. Eine ständige Flut an Korrespondenz erreicht Steenockerzeel. Der nationalsozialistische Druck auf Österreich steigt und im Juli 1934 wird der Bundeskanzler Engelbert Dollfuss, der versucht hatte, dem Druck standzuhalten, im Zuge des Juliputsches von den Nazis ermordet. Allein das Zusammenziehen italienischer Truppen am Brenner durch Mussolini verhindert den Einmarsch der Deutschen. Otto von Habsburg betont bis heute, dass Österreich das einzige Land ist, dessen Bundeskanzler im Kampf gegen die Nazis gefallen ist. Kurt von Schuschnigg, der nach Dollfuss das Kanzleramt übernahm, steht der Sache der Habsburger positiv gegenüber. Sogar eine Rückkehr Ottos wird geplant. Die Sympathie im Land für Otto ist übergroß. Mehr als 1600 Gemeinden erklären in den kommenden Jahren Otto zum Ehrenbürger, in ungezählten Vereinen, Studentenverbindungen und Ausschüssen wird er Ehrenmitglied.

„Unser Motto – Kaiser Otto“ steht auch ungeschrieben über der sich formierenden legitimistischen Bewegung, die versucht, dem auch in Österreich aufkommenden Nationalsozialismus ein Gegengewicht zu setzen. Doch auch in jenen Jahren bleibt das Land gespalten. Noch immer träumen führende Sozialdemokraten vom Anschluss an Deutschland. Andere Menschen sind immer noch auf der Suche nach ihrer, nach der österreichischen Identität. Seit dem Untergang der Monarchie wissen viele nicht mehr, wohin mit sich und ihrem Land. Allein die Legitimisten beziehen ihre Identität aus dem Wissen, dass Österreich etwas anderes ist als jener dumpfgrölende Germanenkult Hitlers.

Otto ist in großer Sorge. Er weiß, dass es früher oder später auf einen Krieg hinauslaufen wird, nach dessen Ausgang die Landkarte Europas neu gezeichnet werden wird. Hitler würde sich Österreich einverleiben, einen Krieg führen, ihn verlieren – und danach würden die Siegermächte ähnlich wie in 1918 Europa neu gestalten. Allein das war der Hintergrund seines Briefes an Bundeskanzler Schuschnigg im Februar 1938, in dem er ihn aufforderte, ihm umgehend die Kanzlerschaft zu übertragen. Vielfach ist dieser Brief falsch interpretiert worden. Aber für Otto war klar: Österreich war in Gefahr und musste sich wehren, notfalls auch militärisch, gegen einen deutschen Übergriff. Nur wenn Österreich der braunen Flut einen aktiven – wenn auch letzten Endes erfolglosen – Widerstand entgegensetzt, würden die Siegermächte dies nach einem verlorenen Krieg anerkennen, und Österreich würde wieder auf der Landkarte entstehen. Trotz des begrenzten Rahmens an dieser Stelle lohnt es sich, einen Satz aus diesem Brief zu zitieren: „Glauben Sie nicht, dass dieser Brief etwa dem Machthunger eines ambitionierten jungen Mannes entspringt. Solche Ambitionen – wenn ich sie je gekannt hätte – würden schweigen angesichts der furchtbaren Lage und der ungeheuren Verantwortung. Ich handle nur deswegen so, weil ich dies als meine Pflicht ansehe, denn wenn Österreich in Gefahr ist, hat der Erbe des Hauses Österreich mit diesem Lande zu stehen und zu fallen." Für Otto ist klar, dass ein solches Unternehmen ein Selbstmordunternehmen gewesen wäre, Österreich hätte unter seiner Führung militärischen Widerstand geleistet, wäre dennoch von den Nazis überrollt worden, und er hätte mit dem Leben bezahlt.

Doch Schuschnigg ging nicht auf Ottos Vorschlag ein. Wenige Wochen später war ohnehin alles vorbei. Am 11. März 1938 lässt Hitler unter dem zynischen Code-Wort „Operation Otto" seine Truppen in Österreich einmarschieren. Für Otto einer der schlimmsten Tage seines Lebens.

Für die Welt scheinen die Massen in Österreich Hitler zuzujubeln. Hatten zuvor noch einige westliche Staaten Hitler ermuntert, allen voran England[1], auf Österreich zuzugreifen, so wurden sie nach dem Krieg nicht still, den Österreichern ihren Jubel vorzuwerfen. Dabei ignoriert man die Tatsache, dass zu der berühmten Kundgebung Hitlers auf dem Heldenplatz in Wien auch ganze Schulklassen zwangsweise zum Jubeln hingeschafft wurden, während zu gleicher Zeit zahlreiche Widerständler, darunter viele Legitimisten, in das KZ Dachau verfrachtet wurden[2]. Otto von Habsburg wird als Landesverräter diffamiert und in Abwesenheit zu Tode verurteilt.

---

1 Botschafter Henderson hatte Staatssekretär von Neurath zugesichert, England werde im Falle einer Invasion in Österreich nichts tun. Neurath hat diese Botschaft nicht weitergeleitet. Später fragte noch der Herzog von Windsor bei einem Besuch in Berlin nach: „Wann schlagt Ihr zu?". Einzig Mexiko protestierte gegen die völkerrechtswidrige Aktion.

2 Darunter auch die direkten Nachkommen von Erzherzog Franz Ferdinand, dessen Söhne Max und Ernst von Hohenberg. Ihre Kinder hingegen sind mit ihrer Schulklasse zur Kundgebung von Hitler gegangen, während die Väter verhaftet wurden.

Ein neues Exil

Im Mai 1940 wird die Lage eng in Steenockerzeel. Die deutschen Truppen brechen in Belgien ein und marschieren in Richtung Brüssel. Die Habsburger verlassen in den frühen Morgenstunden des 10. Mai das Haus und sind von nun an wieder auf der Flucht. Otto begibt sich direkt nach Paris und versucht von dort aus, den unzähligen Flüchtlingen zu helfen. Da er schon seit langem über exzellente politische Kontakte in der französischen Hauptstadt verfügt, gelingt es ihm, einiges für seine österreichischen Landsleute zu erreichen. Erst im letzten Augenblick verlässt er Paris und begibt sich nach Bordeaux. Dort trifft er auf den portugiesischen Generalkonsul Aristide de Sousa-Mendes, mit dessen Hilfe er zahlreichen vom Nazi-Regime Verfolgten, nicht nur Juden, auch Sozialisten und Kommunisten, Visa für das begehrte Portugal verschafft. Sackweise schleppen er und seine Mitarbeiter Pässe zu Sousa-Mendes, der Tag und Nacht die Visa einstempelt. Das freie Frankreich wird indes unter den Erfolgen der deutschen Wehrmacht immer kleiner, bis auch schließlich Otto über Spanien nach Portugal fliehen muss und von dort aus in die USA.

In den USA verfügt Otto über glänzende Kontakte zu Präsident Roosevelt und anderen wichtigen Persönlichkeiten der amerikanischen Politik. Roosevelt hatte ihn bereits wenige Monate zuvor nach Amerika eingeladen, da Otto ihm über Botschafter Bullitt geheime Informationen über Hitlers Aufmarschpläne hat zukommen lassen. Die politischen Kontakte sind nun sehr nützlich. Es gibt viele Aufgaben: die Flüchtlinge, die Sache Österreichs, die Sache Ungarns. Die kommenden vier Jahre in den USA sind sehr intensiv. Zunächst versucht Otto, Einreisevisa für „seine" Juden zu organisieren, wobei ihm aber die USA keine Hilfe sind. „Wir haben schon genug Juden hier, soll sie doch der Hitler behalten", sagt ein Unterstaatssekretär. Otto und seinem Bruder Felix gelingt es, in einigen mittel- und südamerikanischen

Staaten, Einreisebewilligungen zu organisieren. Eine Anekdote rankt sich um die Dominikanische Republik: der dortige Außenminister war gerne bereit, 3000 Visa zu geben, aber nur unter der Voraussetzung, dass die Einreisenden Landwirte seien. Unter dem Hinweis, die Namen Rosenblatt, Grünzweig, Rosengarten etc. ließen doch eindeutig auf landwirtschaftliche Berufe schließen, wurden die Visa bewilligt.

In den folgenden vier Jahren aber arbeitete Otto für die österreichische Sache. Sein erstes Ziel in der Emigration war, Österreich nach dem Krieg wieder auf die Landkarte zu bringen, d.h. dass die Alliierten die Annexion Österreichs durch Hitler nicht anerkannten. Als die Bombardierungen anfingen, hatte Otto keine ruhigen Tage und Nächte mehr in Washington. Sein Freund Dr. Felix Somary, Schweizer Handelsgesandter mit ausgezeichneten Kontakten zum Bomb Target Command informierte ihn immer, wenn eine Bombardierung in Österreich geplant war. Otto begab sich umgehend ins Weiße Haus und versuchte diese zu verhindern, was ihm eine gewisse Zeit gelang. Viele Städte Österreichs verdanken ihm, dass sie der Zerstörung entgangen sind. Die Moskauer Erklärung, mit der die Alliierten die Wiederherstellung Österreichs garantieren, ist durch intensive Verhandlungen Ottos mit Präsident Roosevelt entstanden. Als die Pläne für die Besetzung Österreichs bekannt werden – nämlich die Aufteilung in eine sowjetische und eine britisch-amerikanische Besatzungszone, gelingt es Otto während der Konferenz von Quebec, Roosevelt und Churchill davon zu überzeugen, Niederösterreich, das Burgenland, die Steiermark und Wien nicht den Sowjets zu überlassen. Anderenfalls wäre dies auf eine Bolschewisierung hinausgelaufen – mit katastrophalen Folgen. Otto von Habsburg ist es zu verdanken, dass Österreich in vier Besatzungszonen aufgeteilt wurde und einem Schicksal ähnlich der DDR entgangen ist.

Aber auch Ungarn steht auf der Agenda Ottos, zunächst versuchte er mit dem ungarischen Politiker Tibor Eckardt, Ungarn aus der Allianz mit Hitler herauszubrechen, anschließend bestand das Ziel, das Land vor einer sowjetischen Besetzung zu bewahren. Ein großer Widersacher seiner Politik ist Edvard Beneš, der spätere tschechoslowakische Präsident, der, ausgestattet mit ungeheuren materiellen Mitteln, versuchte, seiner nationalistischen Politik und seiner Vision der Vertreibung der Sudetendeutschen aus der Tschechoslowakei Gehör zu verschaffen.

Nicht nur in der Politik versucht Otto, für seine Sache zu werben. Er reist kreuz und quer durch die Vereinigten Staaten, um Vorträge zu halten über Österreich, über Europa und über beider Zukunft. Damals ist Otto ein blendend aussehender junger Mann, manche Zeitungen bezeichnen ihn als „the Clark Gable of European Royalty". Er ist willkommener Redner in vielen Zirkeln. Nicht zuletzt muss durch diese Vorträge auch die Arbeit für Österreich und Ungarn finanziert werden. In diesen Vorträgen plädiert er für eine mitteleuropäische Föderation, ganz im Geiste seines Vaters, der dies noch in seinen letzten Monaten in einer Verfassung skizziert hatte.

Im Herbst des Jahres 1944 bricht Otto wieder auf nach Europa. Er kehrt heim – im amerikanischen Exil hat er gelernt, Europa zu lieben, die europäische Kultur und die christliche Zivilisation seien das Wesentliche. Es ist heute fast rührend, wenn er beschreibt, dass er, wenn er an Europa denkt, sich erinnert an die erste portugiesische Stadt, die er aus dem Flugzeug gesehen hat, eine Stadt, in deren Zentrum eine Kathedrale steht und nicht eine Bank. So banal es klingen mag, aber dies ist in der Tat das Wesen Europas.

Regina

Wieder zurück in Europa, begibt sich Otto im Juni 1945 in Absprache mit der französischen Regierung in den französisch besetzten Teil Österreichs, nach Tirol und Vorarlberg, um dort mit den politischen Freunden gemeinsam für die Zukunft des Landes zu arbeiten. Doch auf Druck Karl Renners, der nun, ebenso wie wenige Jahre zuvor an Hitler, Jubelbriefe an Stalin schreibt, und auf Druck der sowjetischen Besatzungsmacht muss Otto das Land im Januar 1946 wieder verlassen, was ihn zutiefst trifft.

Als Kind bereits wurde Otto das „Stehaufmännchen" genannt. Und auch in dieser Situation handelt er nach einer alten Boxerweisheit: „Es kommt nicht darauf an, wie oft man zu Boden geht, sondern, wie oft man aufsteht!"

In den folgenden Jahren stürzt er sich in den Journalismus. Er konnte schon immer hervorragend schreiben und nutzt nun seine politischen Erfahrungen und seine Reisen, um für zahlreiche amerikanische, aber auch einige europäische Zeitungen zu schreiben. Mit seinem Bruder Robert macht er eine ausgedehnte Weltreise, als Reisedokument dient ihm dabei ein vom Fürsten von Monaco ausgestellter Pass.

Sein Weg führt ihn auch nach Deutschland bzw. München. Dort lernt er im Juli 1950 anlässlich eines Abendessens die 25-jährige Prinzessin Regina von Sachsen-Meiningen kennen. Otto ist zu diesem Zeitpunkt bereits 38 Jahre alt. In den USA mag er sicherlich der Schwarm vieler Damen gewesen sein, doch die Zeit war nicht reif gewesen für eine tiefere Verbindung. Die Arbeit und die Aufgaben hatten ihn zu sehr vereinnahmt. Um ein Privatleben konnte er sich nicht kümmern. Auch Reginas Familie war vom Schicksal gezeichnet, ihr Bruder Anton Ulrich war gefallen. Ihr Vater, Herzog Georg III. von Sachsen-Meiningen war im August 1945 von den Sowjets verschleppt worden und wenige Monate später im Januar 1946 im russischen Tscherepowetz verstorben. Reginas Mutter, Herzogin Clara konnte sich in

Männerkleidung nachts durch die Wälder von der in Südthüringen gelegenen Heldburg vor den Russen nach Coburg retten. Der zweite Bruder Reginas, Friedrich Alfred, wird Benediktiner und später Kartäuser.

Zwischen Otto und Regina muss es sofort „gefunkt" haben. Bereits zu Weihnachten 1950 findet die Verlobung statt und die Hochzeit wird geplant. Wenn die Habsburger nach Österreich hätten einreisen können, hätte man sicherlich Mariazell, den großen österreichischen Wallfahrtsort in der Steiermark als Ort der Hochzeit geplant. So aber findet in der lothringischen Metropole Nancy am 10. Mai 1951 eine prachtvolle Fürstenhochzeit statt, zu der auch viele Österreicher anreisen. In der habsburg-lothringischen Hauskirche „Eglise des Cordeliers", in deren Gruft die Grablege der Herzöge von Lothringen ist, knien Otto und Regina auf mit österreichischer Erde gefüllten Kniebänken, eine Kopie der Muttergottes von Mariazell ist auf dem Altar aufgestellt. Zehntausende Lothringer und die angereisten Österreicher jubeln dem Paar zu, als es die Kirche verlässt.

50 Jahre später begehen Otto und Regina ihre Goldene Hochzeit wieder in Nancy, exakt zur gleichen Stunde am gleichen Ort. Und wieder stehen die Lothringer auf der Straße und rufen „Vivent notre Duc et Duchesse de Lorraine!"[3].

Habsburg und Lothringen sind eng miteinander verbunden. Mit der Ehe von Maria Theresia und Franz Stephan von Lothringen haben sich die beiden Familien verbunden. Lothringen wurde immer hochgehalten in Wien, selbst Kaiser Franz Joseph hat immer wieder Nancy besucht. Kaiser Karl sagte in seinen letzten Lebensmonaten zu seinen Kindern: „Und wenn Ihr alles aufgeben müsst, gebt niemals Lothringen auf!". Diese Verbindung ist nicht einseitig. Wenn Otto von Habsburg heute nach Lothringen kommt, fliegen ihm die Herzen entgegen. Auch er ist eine Symbolfigur des

---

[3] Übersetzung: „Es leben unser Herzog und unsere Herzogin von Lothringen!"

sich wieder neu formierenden lothringischen Bewusstseins der Lothringer, die nur zu lange als Franzosen zweiter Klasse angesehen wurden.

Otto und Regina nehmen zunächst Wohnsitz in Frankreich. Im Jahr 1953 kommt ihre erste Tochter Andrea auf die Welt, 1954 die Zwillinge Monica und Michaela. 1956 folgt Gabriela, 1958 Walburga, 1961 Karl und 1964 Georg. Nach der Geburt des ersten Kindes suchen Otto und Regina nach einem dauerhaften Wohnsitz in Bayern. Die Kinder sollen im deutschen Sprachraum und nahe an Österreich aufwachsen. Regina findet 1953 in Pöcking am Starnberger See ein ideales Haus, in dem die Familie seit 1954 ununterbrochen wohnt.

Otto von Habsburg ist seiner Frau bis heute auf das engste verbunden. Die Ehe zwischen beiden war eine zutiefst glückliche Verbindung. Regina hat ihrem Mann den Rücken frei gehalten, ohne sie hätte er nicht all das machen können, was er getan hat.

Der einzige private Staatsmann

Zwar hat sich Otto von Habsburgs Lebensmittelpunkt nun deutlich wieder nach Europa verlagert, dennoch reist er viel. Seine zahlreichen Zeitungsbeiträge und Reportagen sind Frucht seiner Weltreisen. Bis heute schreibt Otto von Habsburg regelmäßig eine wöchentliche Kolumne, die in verschiedensten europäischen Zeitungen erscheint. Seine schriftstellerische Arbeit nimmt zu, das vorerst letzte der insgesamt 37 Bücher erschien im März 2007 beim renommierten Pariser Verlagshaus Fayar.

Mit der publizistischen Betätigung wächst auch die Nähe zur aktiven Politik. Otto hält zahllose Reden, diesseits und jenseits des Atlantiks, zunehmend mehr in Deutschland. Er wird zu einem gefragten Berater mancher Politiker, die seine Kenntnisse und Analysen sehr schätzen. Nach der Wiederherstellung Österreichs gerät nun immer mehr die Europapolitik in sein Visier. Der jüdische Publizist William S. Schlamm schreibt über Otto von Habsburg, in ihm habe Europa den einzigen privaten Staatsmann, dem es vertrauen könne.

Bereits vor dem Krieg hatte Otto von Habsburg Richard Graf Coudenhove-Kalergi kennengelernt, den Gründer der Paneuropa-Union, und während seiner Zeit in den USA den Kontakt vertieft. Die Ziele des großen europäischen Visionärs sind auch Ottos Ziele: die Einigung Europas zu einer friedlichen und starken Gemeinschaft, gegen kleingeistigen Nationalismus, gegen die kommunistische sowjetische Besetzung Mitteleuropas und für die Freiheit. Seit 1957 ist Otto einer der Vizepräsidenten der Paneuropa-Union und arbeitet mit Coudenhove für die Einheit unseres Kontinents. Nach dem ungarischen Aufstand ist für Otto vollkommen klar, dass das kommunistische System nicht von Dauer sein kann, irgendwann würde es aufbrechen, da sich die Menschen nicht auf Dauer gefangen halten ließen. Die Paneuropa-Union hat im Gegensatz zu anderen die Jalta-Grenze nie als endgültig angesehen und ihren Blick auch immer auf die Völker jenseits des Eisernen Vorhangs gerichtet. Nach dem Tod Coudenhoves im Jahr 1972 wird Otto von Habsburg dessen Nachfolger als Internationaler Präsident der Paneuropa-Union und sollte es bis 2004 bleiben.

Oh, Du mein Österreich!

Auf den zahllosen Reisen Otto von Habsburgs durch die gesamte freie westliche Welt blieb ihm jedoch ein einziges Land versperrt: seine Heimat Österreich. Noch immer verhinderten die Habsburgergesetze die Einreise des Kaisersohnes. Auch seine Frau Regina, deren Mutter ein Forstgut in Niederösterreich besaß, durfte seit ihrer Heirat nicht mehr nach Österreich. Das gleiche galt für die Kinder. Bis heute erinnern sich die älteren Kinder an Ausflüge zur Grenze, bei denen die Eltern ihnen sagten: da drüben liegt eure Heimat. In den österreichischen Reisepässen der Familie stand: „Gilt für alle Länder mit Ausnahme Österreichs".

Es war nun an der Zeit, diesem absurden Zustand ein Ende zu setzen. Seit Mitte der 50er-Jahre, also nach dem Staatsvertrag, der Österreich die Unabhängigkeit wieder zurückgegeben hatte, hatten Otto und seine österreichischen Vertrauten auf verschiedenen Wegen in der politischen Landschaft die Möglichkeiten einer Rückkehr sondiert. Otto hatte seinen Vetter Max von Hohenberg, den ältesten Sohn des in Sarajewo erschossenen Erzherzog Franz Ferdinands, in dieser Angelegenheit beauftragt. Doch die Frage der Wiedereinreise geriet in die Mühlen der komplizierten österreichischen Innenpolitik zwischen SPÖ und ÖVP. Trotz wiederholter Versicherungen von seiten Ottos, dass er ein treuer Staatsbürger sein und die Gesetze der Republik anerkennen würde, besteht die österreichische Politik auf die vom Habsburgergesetz vorgeschriebene Verzichtserklärung. Zähneknirschend unterschreibt Otto im Januar 1961 das erpresserische Papier, in der Hoffnung, dass es ihm und seiner Familie nun endlich möglich sein würde, nach Österreich zurückzukehren. Aber das Spektakel beginnt nun erst richtig. An der nun beginnenden, auch öffentlichen Auseinandersetzung, die fünf Jahre dauern sollte, zeigt sich, dass gewisse Kreise in Österreich noch immer nicht ihren Frieden mit den Habsburgern gemacht haben. Die SPÖ und die linke Presse diffamieren Otto auf das Schlimmste, es wird gar mit Generalstreik für den Fall seiner Einreise gedroht, aber auch Teile der ÖVP beteiligen sich an der Kampagne. Gerüchte und Lügen werden in die Welt gesetzt, die an Skurrilität nichts auslassen: Otto wolle das gesamte Habsburger Vermögen zurück, damit Österreich ausplündern und eine große monarchistische Partei gründen. Und dabei hat Otto von Habsburg bewusst nicht die Vermögensfrage gestellt. Ihm war wichtiger, nach Österreich kommen zu können, als sich mit der materiellen Restitution zu beschäftigen. Einen ÖVP-Abgeordneten, der nach Pöcking kam, um Otto eine große Vermögensrückgabe anzubieten für den Fall, dass er auf die Einreise verzichtet, hat Otto eigenhändig aus dem Haus hinausgeworfen.

Nach fünf Jahren hatte sich Otto schließlich vor dem Verwaltungsgerichtshof die Einreise erstritten. Im Herbst 1966 fährt er zum ersten Mal nach Österreich, zu einem Kurzbesuch, um dem Grab seines Großonkels Erzherzog Eugen in Innsbruck einen Besuch abzustatten. Weitere kleinere Besuche folgen, erst viel später fährt Otto von Habsburg zum ersten Mal nach Wien.

Mit den Jahren legte sich die Aufregung um seine Einreise. Dennoch bleibt ein schaler Geschmack zurück. Dass Österreich seine heutige Existenz zu einem großen Teil Otto von Habsburg verdankt, spielte in der ganzen Auseinandersetzung keine Rolle. Wäre Otto von Habsburg ein „Exilmonarch" gewesen, der sich nicht politisch betätigte, wäre die Affäre sicherlich nicht so hart verlaufen. Aber so? Ein politisch aktiver Thronerbe – das verunsicherte die österreichische Politik zutiefst. Das europäische Engagement Otto von Habsburgs haben viele nicht verstanden. Österreich ist in dieser Frage zum Teil bis heute tief gespalten. Auf der einen Seite macht man riesige Geschäfte mit dem habsburgischen Erbe, auf der anderen Seite mag man nicht an die große Tradition anknüpfen. Kein Mensch würde heute nach Wien reisen, wenn es nicht die Hofburg und Schönbrunn, nicht Sissi und die Lippizaner gäbe. Das politische Österreich jedoch scheint nicht in der Lage, an die große Tradition anzuknüpfen. Der Begriff Österreich hat einen großen Widerhall – würde sich die Politik dessen bewusst werden, was diese große Tradition bedeutet, sich bewusst sein, dass der Gedanke der europäischen Einigung doch eigentlich einen österreichischen Ursprung hat, könnte das kleine Österreich heute ein großartiger Anwalt Europas sein.

Interessant ist es, die Rezeption Otto von Habsburgs zu sehen. In vielen Ländern, die einstmals zur Monarchie gehörten, wird er heute geachtet und geehrt. Man sieht in ihm schon denjenigen, der er von seiner Herkunft her ist. Aber man sieht in ihm vor allem den Politiker, der viel für diese Länder getan hat und tut. In Kroatien beispielsweise hat die Regierung gerne seinen Rat angenommen, um ihren Beitrittsantrag zur EU zu stellen. Die Ungarn haben über ihn ihren Frieden mit den Habsburgern gemacht, Otto von Habsburg ist dort hochgeachtet und seine Familie voll etabliert. In Österreich jedoch wurde er in weiten Kreisen ausschließlich mit dem Bild des Kronprinzen belegt und damit sowohl seine Verdienste um das Land und seine politische Vision für Europa in den Hintergrund gedrängt.

Otto von Habsburg selbst hat seinen Frieden mit dem offiziellen Österreich gemacht. Seine Landsleute, die Bevölkerung hat er nie für das unwürdige Theater verantwortlich gemacht. Wenn er durch das Land fährt, fliegen ihm die Herzen zu. Als er im Jahr 1992 seinen 90. Geburtstag feierte, hielt in der Wiener Hofburg nicht nur der ehemalige französische Präsident Valerie Giscard d'Estaing eine Rede auf ihn, sondern auch der damalige Bundeskanzler Schüssel. In seiner Laudatio würdigte er ausführlich Otto von Habsburgs Verdienste um Österreich und Europa. Selbst Bundespräsident Fischer bat Otto von Habsburg nach seiner Wahl zu einem Gespräch und bewies den Takt, vorher anfragen zu lassen, ob es ihm nicht unangenehm sei, wenn dieses Gespräch in den Präsidialräumen in der Hofburg stattfinden würde.

Die ideale Plattform – das Europaparlament

Otto von Habsburg hatte nicht nur weltweit, sondern auch in Bayern zahlreiche politische Freunde gewonnen. Als außenpolitischer Berater der Hanns-Seidel-Stiftung stand er der Politik der CSU nahe. Als in den siebziger Jahren die

Entwicklung auf eine erste Direktwahl des Europaparlamentes hinauslief, war die Zeit reif für eine aktive Position in der Politik. Es war Franz Joseph Strauss, der ihn neben anderen politischen Freunden ermunterte, für das Europaparlament zu kandidieren. Am Anfang war seine Kandidatur nicht unumstritten, selbst aus den eigenen Kreisen kam Kritik, auch vom damaligen CSU-Generalsekretär Stoiber. Der Paneuropa-Union und der Sudetendeutschen Landsmannschaft aber gelang es, eine massive Unterstützung für die Kandidatur zu organisieren. Obwohl damals noch nicht Mitglied der CSU, gelangte Otto von Habsburg auf der Liste der Partei im Jahr 1979 in das Europaparlament. Dies war die ideale Plattform für ihn und seine politische Tätigkeit für die nächsten 20 Jahre. Obwohl bei seinem Eintritt in das Parlament schon im „Rentenalter", er zählte damals 67 Jahre, stürzte er sich voller Elan in die Arbeit. Später wird er sagen, dass jene Zeit als Abgeordneter die schönste seines Lebens gewesen sei. Otto von Habsburg wird ein ungeheuer fleißiger und leidenschaftlicher Parlamentarier. Er liebt es, sich in Debatten mit den anderen auseinanderzusetzen, er zeigt eine Präsenz im Parlament, die vor und nach ihm keiner mehr erreicht hat. In den 20 Jahren Zugehörigkeit zum Europaparlament sind lediglich sechs Fehltage verzeichnet. Bald wird er zum außenpolitischen Obmann der EVP. Seine Kollegen mahnt er immer wieder zum Fleiß und zur Präsenz und ermahnt diejenigen, die bei wichtigen Abstimmungen nicht da waren. Otto von Habsburg, ein Musterbeispiel an parlamentarischer Disziplin wird mitunter auch der „aristokratische Wehner" genannt, am Ende kommen sogar die Kollegen aus anderen Fraktionen, um sich bei ihm für ihre Abwesenheit zu entschuldigen. Sein Arbeitsstil ist wie gewohnt: Schnell und viel, sehr früh im Büro und erst spät wieder hinaus.

Eines der wesentlichsten Verdienste Otto von Habsburgs im Europäischen Parlament kann man nicht genug betonen: In jenen Anfangsjahren des Parlamentes gab es allzu viele, die den Eisernen Vorhang, die Jalta-Grenze als die endgültige Grenze Europas betrachteten. Gemeinsam mit drei anderen Parlamentariern aus verschiedenen Fraktionen, Gerard Israel aus Frankreich, Uffe Elleman Jensen aus Dänemark und Adam Fergusson aus Schottland machte sich Otto von Habsburg daran, das Parlament auf eine gesamteuropäische, eine paneuropäische Linie zu ziehen. Sein Antrag, für diejenigen Völker Europas, die noch nicht in der Europäischen Gemeinschaft sein konnten, einen leeren Stuhl im Plenum des Hauses aufzustellen, wurde heftigst diskutiert und bekämpft, doch am Ende war es gelungen: Das Europaparlament verabschiedete 1982 eine Resolution, mit der es die Jalta-Grenze als nicht endgültig ablehnte und betonte, die Völker jenseits des Eisernen Vorhanges gehörten ebenso zu Europa wie der Westen des Kontinents. Für die Bürgerrechts- und Freiheitsbewegungen in Mittel- und Osteuropa hatte diese Resolution eine große Bedeutung. Ebenso der Antrag Otto von Habsburgs, den Fall der baltischen Staaten vor den Dekolonisierungsausschuss der UNO zu bringen. Erst jüngst erklärte ein estnischer Politiker, dass diese Anträge und Resolutionen den Freiheitsbewegungen viel Kraft, Mut und Hoffnung gegeben haben und das Bewusstsein, vom Westen nicht vergessen worden zu sein.

Auch ist wenig bekannt, dass der rote europäische Reisepass, den wir heute alle in den Händen halten, auf eine Initiative Otto von Habsburgs im Europaparlament zurückgeht. Es war wichtig, den Menschen Symbole zu geben, die die Identifikation mit Europa unterstützen.

Während seiner langjährigen Tätigkeit im Europaparlament hat sich Otto von Habsburg den Respekt und die Achtung aller seiner Kollegen erworben. Er hat Kontakte mit allen Fraktionen gepflegt, auch mit den Kommunisten oder den Rechten. Im Jahr 1997 hielt er als Alterspräsident die Eröffnungsrede für den zweiten Turnus der Wahlperiode. Noch heute pflegt er den Kontakt ins Parlament, allen voran zu seinem Freund Hans Gert Pöttering, der mittlerweile Parlamentspräsident ist.

Paneuropa ist ganz Europa

Nur dem politisch Naiven blieb verborgen, dass der sogenannte Ostblock spätestens seit den achtziger Jahren anfing, zu bröckeln. Mit der Wahl des polnischen Papstes, dem Erstarken der Solidarnosc-Bewegung in Polen, mit der Zunahme der Dissidenten war auch die politische Führung in Moskau nervös geworden. Mit etwas Glasnost und Perestroika hoffte man, den Zug aufhalten zu können.

Auch in Ungarn war das kommunistische System etwas offener geworden. Otto von Habsburg hielt die Zeit für reif, um in Budapest zu sondieren, ob eine Einreise, selbstverständlich in aller Diskretion, von ihm denkbar wäre. Die ungarische Botschaft in Bonn signalisiert ihm die Zustimmung der Regierung und so reist Otto von Habsburg zusammen mit seiner Frau Regina im Juli 1988 nach 70 Jahren Verbannung für einige Tage nach Ungarn. Diese Reise war der Start einer im Laufe der Jahre immer enger werdenden Verbindung zu diesem Land. Otto und auch seine Kinder Walburga, Karl und Georg reisen nun immer öfter nach Ungarn. Die Atmosphäre ist offen und so entsteht das Paneuropa-Picknick vom August 1989 mit dem Otto von Habsburg und die Paneuropa-Union weltweite Schlagzeilen machen. Geboren wurde die Idee während eines Mittagessens im Frühjahr 1989 in Debrecen in Ostungarn, wo man sich zusammen mit einigen politischen Freunden Gedanken machte, ob man nicht eine symbolische Aktion machen könnte, um den Eisernen Vorhang etwas zu lockern. Niemand in dieser Runde hatte damals mit den großen Flüchtlingsmassen aus der DDR gerechnet, die sich dann im Sommer rund um Budapest aufhielten. Bei dem Paneuropa-Picknick am 19. August liefen dann fast 700 DDR-

Bürger in die Freiheit. Dies war der Anfang der großen Bewegung, die schließlich die kommunistischen Regime zu Fall brachte.

Der politische Umsturz der Jahre 1989 und 1990 gibt Otto von Habsburg und der Paneuropa-Union recht. Die Völker wollen ihre Freiheit und schütteln das kommunistische Joch ab. Nun beginnt deren Weg in die Europäische Union, auf dem sie Otto von Habsburg im Europaparlament begleitet. Von Anfang an tritt er für deren rasche Aufnahme ein. Es gibt ein Recht auf Europa, betont er bis heute, entgegen jenen, die sagen, die EU sei mit weiteren Aufnahmen überlastet.

Doch nicht überall vollzieht sich der Weg in die Freiheit und Selbstbestimmung so unblutig wie in Prag, Budapest oder Berlin. In dem Kunstgebilde Jugoslawien bricht ein blutiger Krieg aus, Serbien will nicht zulassen, dass sich die Nationen ihr Recht auf Selbstbestimmung, Unabhängigkeit und eigene Entwicklung nehmen wollen. Eine neue Aufgabe für Otto von Habsburg: er fordert die rasche Anerkennung der von serbischen Truppen überfallenen Länder, die sich in Volksabstimmungen mit überwältigender Mehrheit zu ihrer Unabhängigkeit bekannt haben. Er reist nach Kroatien und sitzt während Luftangriffen mit Präsident Tudjman im Luftschutzkeller, reist in das zerstörte Vukovar. Auf internationalem Parkett versucht er eine Lobby zu schaffen, und es gelingt ihm. Bei einem Besuch in Marokko kann er den König davon überzeugen, Kroatien und Slowenien anzuerkennen. Die Kriege auf dem Balkan waren ein weiterer Beweis für die unselige Ordnung, die 1919 und 1920 von den Pariser Vorortverträgen geschaffen worden waren.

Otto von Habsburg hört auch nach seinem Ausscheiden aus dem Europaparlament im Jahr 1999 nicht auf, seiner politischen Mission zu folgen. Auch sein Einfluss hört nicht auf, denn er ist nun vor allem für die jungen Demokratien Mittel- und Osteuropas ein wertvoller Ratgeber. Zudem macht es ihm große Freude, jene Länder bereisen zu können, zu denen ihm der Zutritt so lange verwehrt war. In vielen Ländern der ehemaligen Monarchie wird die habsburgische Tradition geschätzt – weniger aus einer Nostalgie und Sissi-Romantik heraus. Aber aus dem Erkennen, dass der Donauraum eine Einheit ist, in der die Völker über Jahrhunderte hinweg harmonisch zusammen gelebt haben, bevor der nationalistische Ungeist die Atmosphäre vergiftete. Heute ist es für Otto von Habsburg eine große Freude, das Zusammenwachsen des Donauraumes und das Wiederanknüpfen an die gemeinsame Tradition zu erleben. Und er ist glücklich, wenn er dazu beitragen kann.

***

Otto von Habsburg ist ein durch und durch politischer Mensch. Sein ganzes Leben war und ist bestimmt von den politischen Entwicklungen. Dabei ist seine politische Haltung immer konsequent auf einer Linie geblieben, gegen jedes totalitäre System, für seine Heimat Österreich, für die Einigung Europas, für Mitteleuropa, für den Balkan, wobei dies alles ineinander greift. Die Grundlagen seiner politischen Haltung bezieht er aus den einfachen Grundsätzen des Naturrechts und der katholischen Soziallehre, nachdenen der Mensch, das Individuum im Zentrum aller Bemühungen stehen sollte. Eine kleine Geschichte, die er der Verfasserin vor wenigen Jahren erzählte, mag dies verdeutlichen: in den Tagen nach dem Anschluss Österreichs, die, wie er sagt, die schlimmsten Tage seines Lebens gewesen waren, erreicht ihn aus Österreich eine Postkarte ohne Absender, auf der geschrieben steht: „Und wenn die Welt in Trümmer fällt, Dir bleib ich treu, mein Kaiser!" Otto von Habsburg weiß bis heute nicht, wer ihm die Karte geschrieben hat. Aber er hat sich vorgenommen, dass er sich sein Leben lang dafür einsetzen wird, damit dieser Mensch seinen Glauben an ihn nicht verliert.

Der unbedingte Einsatz für andere ist das, was ihn ausmacht. Wann immer er die Möglichkeit sieht, sich für die

Menschen politisch einzusetzen, er tut es. Die Verantwortung für andere, die ihm in die Wiege gelegt wurde, nimmt er an und erfüllt sie bis zuletzt. Die Grundsätze seiner Politik sind einfach, aber sie kommen aus einer tiefen Menschenkenntnis und aus dem Sinn für die Realitäten des Lebens. Das Selbstbestimmungsrecht der Völker ist wesentlich für seine Politik, daher prangert er ununterbrochen kolonialistischen Verhalten an. Auch kleine und kleinste Völker haben ein Recht, ihr Schicksal selbst zu bestimmen, ein aktuelles Beispiel ist der Kosovo. Mit dessen im letzten Jahr verstorbenen Präsidenten Ibrahim Rugova war Otto von Habsburg eng befreundet, der für ihn zusammen mit Mutter Teresa, die ebenfalls Albanerin war, für das Zusammenleben von Christen und Muslimen steht.

Der katholische Glaube und die Treue zum Papst sind für Otto von Habsburg eine Realität. Er praktiziert seinen Glauben mit einer großen Selbstverständlichkeit, die keine Zweifel zulässt. Noch selbstverständlicher ist es für ihn, an Gott zu glauben. Der Mensch ist letzten Endes vor Gott für sein Tun verantwortlich. Auch aus diesem Bewusstsein heraus tritt Otto von Habsburg für den beständigen und engen Dialog mit den Juden, vor allem aber mit den Muslimen ein. Nur eine Allianz der Gottgläubigen kann die durch Ideologien und den herrschenden Relativismus bedrohten angestammten Rechte des Menschen garantieren. In fast jeder Rede, in unzähligen Artikeln betont Otto von Habsburg, der auch Mitglied der Islamischen Königlichen Akademie von Marokko ist, unsere Nähe zum Islam. Das ruft manchmal arges Unverständnis hervor, wie auch kürzlich, als nach einem entsprechenden Zitat Otto von Habsburgs in einer österreichischen Zeitung ein älterer Herr aus Wien entrüstet anrief und sagte, das könne der Erzherzog doch nicht im Ernst meinen. Aber er meint es ernst.

Sentimentalitäten sind Otto von Habsburg unbekannt. Natürlich hat er gewisse persönliche Vorlieben und ist auch seiner Familie auf das Herzlichste zugetan. Selbst sehr bescheiden, manchmal überbescheiden, erkundigt er sich bei allen, ob es ihnen auch gut geht und ob sie alles haben, was sie brauchen. Sitzt man zu Tisch, ist er der letzte, der sich etwas nimmt, erst nachdem alle anderen, vor allem die Damen, etwas haben. Der Menüplan in Pöcking ist alles andere als aufwendig, am liebsten hat Otto von Habsburg einfache Gerichte, vor allem Gemüse und Fisch. Vor dem Essen gibt es manchmal einen kleinen Drink, meistens einen Kir. Erst am Abend wird Wein getrunken, es sei denn, es ist Fastenzeit.

Zu seinen Mitarbeitern ist Otto von Habsburg stets zuvorkommend und freundlich. Natürlich kann er einmal ungeduldig werden, wenn etwas zu lange dauert oder nicht so funktioniert, wie er es sich vorstellt. Aber auch ein kleiner Ärger dauert nicht lange.

Obwohl seine Frau Regina selten in der Öffentlichkeit auftrat und sich auch immer sehr zurückgehalten hat, ist sie sicherlich der wichtigste Mensch in seinem Leben. Er weiß sehr genau, was er an ihr hat und was er ihr verdankt. In ihrer nun 56 Jahre dauernden Ehe hat Regina ihm immer den Rücken freigehalten und ihm dadurch ermöglicht, allen seinen politischen Aktivitäten nachzugehen. Es war sicherlich nicht immer einfach, die sieben Kinder großzuziehen, während ihr Mann ständig auf Reisen war. Aber es war eine gute Arbeitsteilung, und Otto ist ihr überaus dankbar. Beide sind symbiotisch zueinander. Otto von Habsburg bedauert zutiefst, dass seine Frau seit ihrem Schlaganfall im Dezember 2005 sich mehr schonen muss und ihn nicht mehr so häufig auf seinen Reisen begleiten kann, wie es früher einmal der Fall war. Aber beide sind glücklich über ihre große Familie mit sieben Kindern und 22 Enkeln. Seit einigen Jahren gibt es die Tradition der Familienreise; für zehn Tage im Juli unternimmt der Clan eine schöne Fahrt, einmal war es Jordanien, ein anderes Mal Spanien oder Irland.

Die Familie stand nie mit Skandalgeschichten im Licht der Öffentlichkeit. In der Yellow-Press liest man von den

Habsburgern nur bei einschlägigen Familienereignissen – Hochzeiten, Geburtstage, Taufen. Es würde niemandem im Traum einfallen, sein Privatleben vor der Öffentlichkeit auszubreiten, wie es mitunter bei manchen anderen Häusern der Fall ist.

Viel wichtiger ist es, mit politischen Botschaften in der Presse zu stehen. Otto von Habsburg schreibt regelmäßig Artikel und politische Hintergrundberichte. Stets ist er perfekt informiert, sei es über die Hintergründe der französischen Präsidentenwahl, die Entwicklungen in Südamerika oder eine Regierungskrise in Hongkong. Das Geheimnis ist sehr einfach: Otto von Habsburg führt seit vielen Jahren ein Zeitungsarchiv. Er liest systematisch die internationale Presse und hebt relevante Zeitungsartikel auf. Diese werden eingeordnet in die entsprechenden Länder-Mappen, sodass jederzeit Zugriff besteht auf aktuelle Informationen über jedes Land dieser Welt.

Otto von Habsburg hat in seinem Leben zahlreiche Persönlichkeiten, Politiker, Staatsmänner, Monarchen, aber auch Künstler und Schauspieler getroffen. Während seines Exils in den USA hat er auch einige Vortragsreisen nach Kalifornien unternommen und dort Einblicke in Hollywoods Filmindustrie gewonnen. Er kannte unter anderem Liz Taylor, Frank Sinatra und Glenn Miller, dessen Musik er besonders schätzt. Die amerikanische Schauspielerin Mia Farrow ist eines seiner zahlreichen Patenkinder. Auch Ian Flemming hat er getroffen, und bis heute sieht er sich jeden James-Bond-Film an – und überrascht manchen jungen mit seiner Detailkenntnis. Sein Musikgeschmack orientiert sich auch an dem Stil der Zeit seines Exils in den USA – Jazz und Big Bands machen ihm besonders Freude. Vor einigen Jahren überraschte er die Verfasserin mit der Frage, ob über das Internet ein bestimmtes Lied herausgesucht werden könnte: „Ich tanze mit Dir in den Himmel hinein“, einen Schlager aus den Dreißigerjahren. Dies passte eigentlich gar nicht zu dem sonstigen Repertoire – was war der

Hintergrund? Am Tag nach dem Einmarsch der deutschen Truppen in Österreich hatte ein hoher Nazi-Funktionär in Wien eine wüste Rede gehalten und gesagt, Otto möge sich mit dem letzten Hoflakaien verziehen und in den Himmel tanzen. Und als Otto über Radio Fecamp, einer kleinen Radiostation in Nordfrankreich, die nach Österreich hineinsendete, Ansprachen an die Österreicher hielt, wählte er dieses Lied als Erkennungsmelodie.

Das verweist auch auf seinen tiefgründigen Humor. Er liebt gute Witze und Anekdoten, erzählt sie gerne und schätzt ebenso einen geistreichen lustigen Schlagabtausch. Erst viele Jahre später verriet er, dass das Schild „Büro zu vermieten" an der Bürotür Willy Brandts im Europaparlament von ihm stammte. Das Schild hing zum Amüsement aller mehrere Wochen, was bewies, dass Willy Brandt sich im Europaparlament selten blicken ließ.

Persönlich ist Otto von Habsburg ein sehr großherziger Mensch. Anderen begegnet er mit einer großen Zuvorkommendheit, mit großer Güte und viel Charme. Auch eine große Versöhnlichkeit zeichnet ihn aus. Ein Grundsatz von ihm lautet, man solle nie länger als zwei Jahre mit jemandem böse sein.

Bei den vielen Reisen, die er bis heute unternimmt, gibt es zwei Länder, in die er besonders gerne fährt: Ungarn und Frankreich. Ungarn ist ihm besonders nahe, er hat schon immer gerne ungarisch gesprochen. Das Land hat sich mit den Habsburgern ausgesöhnt, obwohl das nach den Erfahrungen von 1848 keine Selbstverständlichkeit war. Heute sind die Habsburger in Ungarn stark etabliert, der jüngste Sohn von Otto von Habsburg lebt mit seiner Frau und seinen drei Kindern in einem Vorort von Budapest und ist Präsident des Ungarischen Roten Kreuzes.

Otto von Habsburgs Verbindung zu Frankreich datiert auch aus seiner Jugend und seiner engen Verbindung mit seinem Onkel Sixtus von Bourbon-Parma, der ihn schon früh mit der französischen Politik vertraut gemacht hatte.

Die französische Sprache zählt Otto von Habsburg, der insgesamt sieben Sprachen beherrscht, neben deutsch und ungarisch zu seiner Muttersprache.

Trotz seines hohen Alters ist Otto von Habsburg als gefragter Redner und Ratgeber nach wie vor intensiv unterwegs. Reiseschwerpunkte sind in den letzten Jahren der Balkan: Kroatien, Bosnien und Herzegowina, der Kosovo und Mazedonien. Aber auch neue Ziele werden angestrebt: schon immer wollte Otto von Habsburg nach Galizien und in die Bukowina, die er im Juni 2007 besucht, darunter auch Kolomya, jener Ort in Galizien, in dem seine Eltern nach ihrer Hochzeit stationiert waren.

Die Ehrungen und Orden, die Otto von Habsburg auf seinen vielen Reisen sammelt, vom Baltikum bis in das Kosovo, bezieht er weniger auf sich selbst als vielmehr auf jene, die hinter ihm stehen. Er sagt, er habe lediglich seine Pflicht getan.

Manche wundern sich, wie er dieses enorme Pensum in seinem Alter bewältigen kann. Aber es verhält sich genau umgekehrt. Seine Arbeit hält ihn jung, er schaut immer nach vorne und versucht seine Aufgabe zu erfüllen. Sein Geist ist viel jünger als sein Lebensalter und er schafft es, die Menschen mitzureißen. Auf einer Veranstaltung in Berlin anlässlich „50 Jahre Römische Verträge" rief er unter tosendem Applaus in das Publikum: „Ich bin jetzt 95 Jahre und ich hoffe, dass ich in meinem Leben noch viele Erweiterungen der Europäischen Union erleben kann!".

I.

95 Jahre jung …

Eva Demmerle: Sie werden in diesem Jahr 95 Jahre alt. Denken Sie manchmal über Ihr Alter nach?

Otto von Habsburg: Gelegentlich, aber eigentlich selten. Aber ich muss immer wieder entdecken, dass das Alter eigentlich keine Bedeutung mehr hat. Ich habe doch immer mehr nach vorne geschaut als nach hinten. Man nutzt die eigentliche Geschwindigkeit, wenn man nach hinten schaut. Und das tue ich nicht.

Man bewundert Ihre gute Konstitution. Sie sehen nicht aus wie 95 …

Nein, ein bisschen weniger. Man sagt mir, dass ich zehn Jahre jünger ausschaue.

Und wenn Sie an einem Rednerpult stehen, dann werden Sie noch einmal zehn bis fünfzehn Jahre jünger. Sie halten viele Vorträge und beraten manche Regierungen in Mittel- und Osteuropa. Gibt es einen „Habsburg-Faktor“?

Sicherlich. Ich bin sehr beeindruckt, jetzt, wo ich viel herumkomme, wie sehr gewisse Dinge noch leben. Viele Nationen und Völker des Donauraumes haben Furchtbares mitgemacht, mit den Nazis, dem Zweiten Weltkrieg und dann dem Kommunismus. Aber es kommen die alten Verbindungen wieder aus dem Boden heraus. Das, würde ich sagen, ist eine Art Habsburg-Faktor. Und auf die Menschen bezogen, bin ich das nicht alleine, sondern das sind die, die vor mir da waren und in dem Raum gelebt und Politik gemacht haben.

Trotzdem stehen Sie in dieser Tradition. Sie sind je-

mand, der die Werte, die Ziele einfach verkörpert, Sie personifizieren das. Was glauben Sie, ist der Erfolg Ihres Lebens?

Vielleicht ist es so gewesen, dass ich in meinem ganzen Leben immer eine klare Linie gehabt habe. Das hat in meiner politischen Aktivität natürlich unterschiedliche Auswirkungen gehabt. Aber wenn ich auf mein Leben als Ganzes zurückblicke, sehe ich, dass ich immer ziemlich gerade auf einer Linie gelaufen bin. Bei einigen meiner Kinder ist es das gleiche. Meine Tochter Walburga wollte immer in die Politik. Heute macht sie im schwedischen Reichstag eine ziemliche Karriere. Mit unseren Vorfahren haben wir doch 600 Jahre Politik hinter uns, und dann sitzt das in den Genen, dann ist es doch logisch.

Sie haben das gesamte 20. Jahrhundert in all seinen Tragödien und positiven Entwicklungen erlebt, meistens direkt betroffen. Erinnern Sie sich noch an den Ersten Weltkrieg? Was waren die stärksten Momente für Sie?

Zu der Zeit war ich doch noch ein Kind. Aber der Krieg war einem schon bewusst gewesen, man hat gewisse Ereignisse gesehen und die Bedeutung erahnt. Aber ich kann nicht oft genug betonen, dass meine Eltern damals sehr klug gehandelt haben. Sie haben uns Kinder immer gegen die Scheußlichkeiten dieser Epoche abgeschirmt, weil sie nicht wollten, dass wir daraus negative Gefühle für die Menschen entwickeln. Ich sehe es nämlich, da, wo andere Leute das nicht gehabt haben, dass diese nicht in der Lage sind, komplex zu arbeiten. Viele der Menschen, die aus ihrer Heimat emigrieren mussten, haben einen psychischen Schock bekommen. Ich kann mich an keinen psychischen Schock erinnern. Weil uns die Eltern systematisch beschützt haben und immer, wenn etwas Negatives gekommen ist, gleich etwas Positives dazu gemacht haben.

Hatten Sie damals ein Gefühl dafür gehabt, dass mit dem Ende des Ersten Weltkriegs eine Weltordnung zusammengebrochen ist?

Eigentlich nicht. Ich habe halt gedacht, es ist ein großes Malheur und damit Schluss. Ich war auch zu klein, um das zu erkennen.

Was waren für Sie die beeindruckendsten Erlebnisse Ihrer frühen Kindheit?

Ich kann mich noch erinnern an das Begräbnis von Kaiser Franz Joseph, da hatte ich schon das Gefühl, dass etwas Bewegendes geschieht. Überall waren die großen Menschenmengen, meist schwarz gekleidet. Dann war da natürlich die Krönung meines Vaters in Budapest. Auch das Scheitern der Restaurationsversuche meines Vaters in Ungarn hat mich sehr mitgenommen, auch sein Sterben auf Madeira, aber da war ich auch schon etwas älter. Die Eltern, beziehungsweise später meine Mutter, haben immer versucht, das Positive herauszustellen, sodass sich kein Groll gegenüber den eigenen Landsleuten entwickeln konnte.

Was war prägend für Sie bei der Krönung?

Das Ganze – die große Zeremonie in einer großen Kirche, die vielen Massen von Menschen, die da waren, das war sehr eindrucksvoll.

Hatten Sie einen Begriff für diese heilige, sakrale Handlung der Krönung gehabt?

Das weiß ich nicht. Ich weiß, dass der König von Bulgarien, neben dem ich saß, versucht hat, mir da alles Mögliche zu explizieren, aber das hat mich als vierjährigen Buben doch eher gelangweilt.

Kaiser Karl

Was haben Sie von Ihrem Vater gelernt?

Relativ wenig und relativ viel. Das Wenige war, dass ich ihn eigentlich kaum gekannt habe, ich habe ihn eigentlich erst in den letzten Wochen seines Lebens kennengelernt. Das war auf Madeira. Dort ist er viel mit mir und meiner Schwester Adelhaid spazieren gegangen und hat viel mit uns gesprochen. Es war fast so, als ob er gewusst hat, dass er nicht mehr viel Zeit hat. Und vorher war er doch ununterbrochen unterwegs und beschäftigt, vor allem mit Besuchern aus aller Herren Länder, natürlich am meisten aus den früheren Ländern Österreich-Ungarns.

Was hat Sie von Ihrem Vater besonders beeindruckt?

Zum einen seine tiefe Religiosität. Zum anderen dieses absolute Nicht-aufgeben-Wollen. Er hat ein sehr großes Pflichtgefühl gehabt.

Verantwortungsbewusstsein?

Das war absolut ausgeprägt bei ihm. Er war als einziges Staatsoberhaupt im Ersten Weltkrieg sehr viel an der Front gewesen. Er kannte die Lage. Die anderen Staatsoberhäupter und Minister hatten fast nie den Dreck und das Elend in den Schützengräben gesehen. Sie sind in ihren Kanzleien gesessen und haben ihre Befehle erteilt. Es hat doch unglaubliche Schlächtereien gegeben, in denen die Menschen einfach nur so verheizt worden sind. Mein Vater hat stets versucht, die Leute möglichst zu schonen.

Es war doch so gewesen, dass Ihr Vater, nachdem er das Oberkommando übernommen hat, auch die Aufmarschpläne und die Strategie dahingehend geändert hat, dass die Soldaten nicht direkt in ihr Verderben geschickt wurden. Es sind dann auch im Verhältnis zu den ersten Kriegsjahren wesentlich weniger Menschen gefallen. Kaiser Karl hat sich immer für die Menschen eingesetzt.

Das war auch seine religiöse Verpflichtung. Dabei hat die ungarische Krönung eine sehr große Rolle gespielt. Denn die ungarische Krone ist etwas ganz besonderes, sie ist eine Reliquie. Und sie ist der Inbegriff der staatlichen Souveränität. Der König ist nur der Diener der Krone. Und das kommt auch bei der Krönung, die eine religiöse Zeremonie ist, zum Ausdruck. Und heute steht die Krone in Budapest im Parlament. Ich finde das etwas sehr Schönes. Ich war auch sehr dafür, dass die Krone in den siebziger Jahren nach Ungarn zurückkehrt, trotz des kommunistischen Regimes. Aber ich habe gewusst, dass, mit Rücksicht auf das Volk, auch diese Menschen damit anständig umgehen werden. Die Krone ist halt etwas Heiliges, und mein Vater hatte ein starkes Bewusstsein für die Verantwortung, die ihm aus der Krönung entstanden ist.

Mir ist aufgefallen, dass im gleichen Jahr 1922, in dem Ihr Vater starb, Richard Coudenhove-Kalergi[4] *zum ersten Mal seine Vision von Paneuropa veröffentlicht hat. Ihr Vater hat noch in den Monaten vor seinem Tod auf Madeira an einer neuen Verfassung für Österreich geschrieben. Viele der Ideen dieser neuen Verfassung haben Sie dann später auch in Ihrer politischen Arbeit verwendet. In den USA haben Sie zahlreiche Vorträge gehalten über eine Konföderation des Donauraumes. Und mit Coudenhove haben Sie auch engstens zusammengearbeitet. Mit ihm waren Sie auf einer gleichen Linie.*

Da hat in der Tat eine große Parallelität bestanden.

Und Sie haben sehr konsequent das Erbe Ihres Vaters angenommen – bis heute, in dem Sie sich einsetzen für ein einiges Europa und für die Einheit der Völker im Donauraum. Ihr Vater wurde von Papst Johannes Paul II. selig gesprochen. Die Kirche hat eine klare Linie und mit der Seligsprechung wurde nicht nur das vorbildliche Leben Ihres Vaters als Christ anerkannt, sondern auch seine Bemühungen um den Frieden im Ersten Weltkrieg. Aber die Seligsprechung ist in gewissen Kreisen kritisiert worden.

Es war schon bemerkenswert. Aus allen ehemaligen Kronländern kam Begeisterung, aus vielen anderen Ländern Sympathie, aber aus Österreich kam das Geschrei. Ge-

---

4 Richard Graf Coudenhove-Kalergi (1184–1972) gilt als Pionier Europas. Im Jahr 1922 veröffentlichte er seinen Appell „Paneuropa“, mit dem er zur Einigung Europas aufrief. Er gründete die Paneuropa-Union und trat mit zahlreichen Staatsmännern seiner Zeit in Kontakt. Das Aufsteigen des Nationalsozialismus und das Hitler-Regime zwangen Coudenhove-Kalergi ins Exil in die USA. Nach dem Krieg kehrte er nach Europa zurück, um sein Einigungswerk fortzusetzen. Auf seine Initiative wurde der Europarat gegründet. Otto von Habsburg wurde der Nachfolger Coudenhoves als Internatioanler Präsident der Paneuropa-Union nach dessen Tod in 1972.

wisse kleine lärmende Gruppen haben einen eigenartigen Komplex gegenüber der Vergangenheit Österreichs.

Die unglaublichsten Verhöhnungen hat es gegeben – man hat Ihren Vater „Giftgas-Charly" oder „Krampfadern-Karli" benannt, und zwar wider besseres Wissen.

Ja, aber es war natürlich eine gewisse kleine Gruppe, die das getan hat. Aber die Kirche, der Papst hat sich davon nicht irritieren lassen. Er hat es einfach gemacht. Er war ein Pole, das dürfen Sie nicht vergessen. Und die Polen sind mutig. Außerdem stammte er aus Krakau, was einmal ein Teil von Österreich war. Da war eine gewisse Verbindung. Aber er wollte meinen Vater auch als Symbol für alle Politiker darstellen.

Bei der Seligsprechungszeremonie ist auch gesagt worden, dass Kaiser Karl ein Vorbild für alle sein soll, die in Europa politisch tätig sind. Die Kirche hat immer großen Sinn für Symbolik. Und da ist es doch besonders schön, dass Kaiser Karl im Jahr 2004 seliggesprochen wurde, in jenem Jahr, in dem die große Osterweiterung der Europäischen Union stattgefunden hat.

***

Als Ihr Vater starb, waren Sie noch keine zehn Jahre alt. Sie knieten am Sterbebett Ihres Vaters. Das muss für einen kleinen Buben doch sehr erschütternd gewesen sein.

Das war es auch. Mein Vater hat mich rufen lassen, als er die letzte Ölung bekommen hat und dann in der Sterbestunde. Ich sollte sehen, wie man als Christ stirbt. Es war nicht leicht für mich. Das Sterben meines Vaters hat verständlicherweise einen sehr großen Eindruck hinterlassen. Es war auch kein leichtes Sterben. Aber er hat es sehr mutig getragen. Und er ist doch ruhig hinübergegangen. Es war ja nichts zu machen. Damals gab es die ganzen Medikamente, die heute so selbstverständlich sind, noch nicht. Es hat weder Penizillin gegeben, noch etwas anderes. Einige Stunden nach seinem Tod hat meine Mutter mir gesagt, dass es jetzt meine Aufgabe sei, zu versuchen, für meine Landsleute so da zu sein, wie mein Vater es gewesen ist. Ich trage ihm gegenüber die Verantwortung.

Welche Lehre zogen Sie aus dem Leben und dem Tod Ihres Vaters? Nach weltlichen Maßstäben hat er doch kaum Erfolg gehabt mit all seinen Anstrengungen, Frieden zu stiften und die Monarchie zu retten.

Die Stunde des Todes ist die Stunde der Wahrheit, wie die Spanier sagen. Und ich habe erkannt, dass vor Gott nicht zählt, ob wir Erfolg gehabt haben oder nicht. Vor Ihm zählt, ob wir uns mit all unseren Kräften für das Gute eingesetzt haben.

Für Ihre Mutter muss dies eine sehr schwere Situation gewesen sein. Verbannt auf einer fernen Atlantikinsel, ohne materielle Mittel, sieben Kinder, das achte Kind, Ihre Schwester Elisabeth sollte zwei Monate nach dem Tod Ihres Vaters auf die Welt kommen. Und dazu die ungeheure Verantwortung. Aber sie hat es tapfer und gut gemeistert. Für die Kinder muss das aber doch sehr schwer gewesen sein. Hatten Sie denn eine Art Ersatzvater?

Meine Mutter hat es großartig gemacht. Es hat natürlich manchmal Differenzen mit meiner Mutter gegeben, aber wo gibt es das nicht. Sie war eine sehr strenge Dame, und man muss erst älter geworden sein, um dafür dankbar zu sein.

Die erste Zeit war natürlich sehr schwer für uns Kinder. Aber ich hatte in der Tat eine Art Ersatzvater, meinen Onkel Sixtus von Bourbon-Parma[5], einen Bruder meiner Mutter. Er war ein großartiger Ersatz. Wir haben uns sehr gut verstanden vom ersten Moment an. Er hat einen gro-

---

[5] Sixtus von Bourbon-Parma (1886–1934) war ein älterer Bruder von Kaiserin Zita. Zusammen mit einem weiteren Bruder, Prinz Xavier, unterstütze Sixtus Kaiser Karl bei der Friedenssuche im Ersten Weltkrieg als Emissär der Friedensangebote nach Frankreich und England. Durch eine Ungeschicklichkeit von Außenminister Czernin kam die Sache ans Licht und wurde zur „Sixtus-Affaire“.

ßen Einfluss auf mich gehabt. Und er war eine ausgezeichnete Persönlichkeit. Sein Leben hat er sehr lange vorausgeplant, leider aber konnte er nicht an sein Ziel gelangen, da er sehr früh gestorben ist. Bei ihm hat das Schreiben von Büchern eine ganz große Rolle gespielt, er hat einen brillanten Stil gehabt.

Wie war dieser Stil?

Es waren natürlich politische, geografische und historische Bücher, aber er hat – was ich selbst nie zustande gebracht habe – verstanden mit den Worten zu malen. Er war entschlossen, eine große politische Rolle in Frankreich zu spielen, hundertprozentiger Franzose, der er war. Aber er war gleichzeitig unserer Familie loyal gegenüber. Er war ein großer Freund meines Vaters gewesen, und sie haben im politischen Leben viele Stürme zusammen erlebt.

Es war Ihr Onkel Sixtus, der im Auftrag Ihres Vaters versucht hat in Frankreich den Frieden zu sondieren.

Das war selbstverständlich. Er hat sich immer eingesetzt. Faszinierend an ihm war seine präzise Lebensplanung. Er hat gezielt Bücher geschrieben, um sich einen Namen zu machen, natürlich hatte er auch die Begabung dazu. Und nach dem Krieg war sein nächstes Ziel die Mitgliedschaft in der Academie Francaise. Er ist auch sehr viel herumgereist und hat Bücher über seine Reisen geschrieben. Außerdem war er ein blendender Redner. Ich habe ihn zwar nur ein paar Mal gehört, aber er war ein hinreißender Redner. Nebenbei hat er versucht, sich sein Vermögen aufzubauen, um unabhängig zu sein. Nach der Akademie war sein Plan gewesen, in die französische Politik einzusteigen, es war zwar damals für Prinzen aus dem Hause Bourbon noch verboten, aber er war überzeugt, dass es ihm gelingen würde. Leider ist er bereits 1934 gestorben, sodass er seine Pläne nicht verwirklichen konnte. Er war ein zielbewusster und dynamischer Mensch, er hat sehr viel gearbeitet.

Sie haben ihn einmal gefragt, wann er denn seine vielen Bücher geschrieben habe, und er hat Ihnen geantwortet:

„Ich schreibe die Bücher in jenen fünf Minuten, die andere Leute vertrödeln."

Das ist wahr, und ich habe das sehr beherzigt. Man kann in jenen fünf Minuten viel schaffen.

Politik aus Enthusiasmus

Als junger Mann sind Sie relativ rasch in die Politik hineingekommen. War das Leidenschaft oder Pflicht?

Mein großer Vorteil war immer, dass Pflicht und Leidenschaft zusammengefallen sind. Es war doch fast wie bei meiner Tochter Walburga, die schon mit fünf Jahren wusste, dass sie Politikerin werden will, und sie hat es gemacht.

Aber das ist schon eine sehr glückliche Zusammensetzung, dass Sie mit einem großen politischen Genius ausgestattet sind, eine so große politische Berufung haben und dabei eine so große Freude an der Politik haben.

Das ist bestimmt ein großer Vorteil gewesen. Aber vielleicht ist das normal, wenn man aus einer Familie stammt, die durch 600 Jahre ständig Politik gemacht hat. Man ist darin aufgewachsen und hat darüber nachgedacht. Das war selbstverständlich.

Man merkt auch, es macht Ihnen Spaß. Sie sagen auch immer, dass die schönsten Jahre Ihres Lebens die im Europaparlament waren. Was macht Ihnen daran Spaß?

Man muss schon eine Passion für Politik haben. Und wenn man die Passion für die Politik hat, dann ist es die schönste Beschäftigung, die es gibt. Bei mir ist dazugekommen, dass ich sofort in die stürmischen Ereignisse gefallen bin. Mit Hitler hatten wir doch das Symbol des Bösen direkt vor uns. Also bin ich in die Ereignisse hineingeschleudert worden.

In vielen Reden werden Sie als der große Europäer bezeichnet ...

... sicher nicht ein großer, aber ich bin halt einer. Das ist eine Familientradition. Diese Familie ist eine der wenigen, die selbstverständlich einmal Spanier sind, einmal Schweden sind. Aber sie haben ihre Wurzeln nicht verloren.

Haben Sie besondere Vorlieben unter den vielen Ländern, in denen Sie Ihre Wurzeln haben?

Natürlich, die hat jeder Mensch. Es ist kein Geheimnis, dass ich eine enge Verbindung zu Ungarn habe. Ich kann nicht sagen, warum. Ich habe immer gerne ungarisch gesprochen.

Seit 1988 reisen Sie regelmäßig nach Ungarn. Sie kennen heute in Ungarn jeden Ort, jeden Fleck. Sie sind Ehrenbürger von zahlreichen Städten und Dörfern. Gibt es Orte in Ungarn, wo Sie tatsächlich noch nicht waren?

Oh, ja, schon, aber ganz kleine, ganz, ganz kleine, von denen ich nichts weiß. Aber ansonsten bin ich überall gewesen.

Wie werden Sie in Ungarn gesehen?

Schauen Sie, ein Beispiel: Wenn ich in Österreich auf eine Straße komme, kennen mich hauptsächlich die alten Leute, die jungen nicht mehr. In Ungarn ist es genau umgekehrt. Da kennen mich die jungen Leute. Da hat auch der Film von Peter Bokor[6] eine große Rolle gespielt. Und ich bin von Anfang an viel in Schulen gegangen und habe dort Vorträge gehalten. Natürlich kennen mich ältere Leute auch, aber nicht so sehr wie die jungen. Es hat auch eine große Rolle gespielt, dass ich, als ich das erste Mal nach Ungarn kam, doch gleich ungarisch gesprochen habe. Das hat den Menschen gefallen. Die Sprache spielt eine große Rolle in Ungarn: zum Beispiel gibt es doch den Nationalhelden Lajos Kossuth[7] – ihm ist doch eigentlich in seinem Leben alles misslungen. Aber er war populär, weil er ein guter Redner war. Und ich bin vielleicht auch nicht so ein schlechter Redner ...

---

6 Peter Bokor, ein ungarischer Filmemacher, drehte 1989 einen Film über Otto von Habsburg, der in Ungarn die Kinos füllte.

7 Lajos Kossuth (1802–1894) war einer der bedeutendsten ungarischen Freiheitskämpfer.

Meinen Sie, Sie sind ein ungarischer Nationalheld?

Ein bisserl schon. Ich habe mich doch auch sehr für die Ungarn eingesetzt und gerne für sie gearbeitet.

Und Sie arbeiten sehr viel, auch mit viel Begeisterung und mit Blick auf das Ziel. Woher kommt Ihre Begeisterung? Woher Ihre ungeheure Energie?

Das hat viel mit der Verpflichtung zu tun. Ohne Verpflichtung gibt es keine Begeisterung. Es ist eine Verpflichtung gegenüber der Geschichte. Das Gefühl der Verpflichtung hat für mich im Leben eine ganz große Rolle gespielt, nie nachzugeben, nie zu kapitulieren. Das war auch bei meinen Eltern der Fall. Sie haben nicht nachgelassen. Sie haben nie aufgegeben. Und sie haben immer das Gefühl gehabt, sie müssen einfach weitermachen, und das hat bei mir auch mitgewirkt. Das war nicht einmal meine Erfindung, sondern es ist mir so hereingekommen. Und dann kann man auch immer weitermachen, unabhängig davon, ob man Erfolg hat oder ob man große und kleine Rückschläge erlebt.

Mit den Völkern verbunden

Wenn man diese Beharrlichkeit, für die Ziele zu arbeiten, den Blick für die Geschichte nimmt, ist das auch charakteristisch für die Habsburger? Was kann man da alles noch dazunehmen?

Es ist die tiefe persönliche Verbindung mit den vielen Völkern. Für mich ist ein Galizier ebenso ein Landsmann und eine Verpflichtung, wie ein Bosniak, ein Österreicher, Ungar oder Kroate. Ich bin nie ein Nationalist in dem Sinne gewesen. Diese Völker haben doch Entsetzliches in ihrer Geschichte erlebt. Daher auch die Verpflichtung, alles für sie zu tun. Das habe ich doch auch für andere gemacht, mit denen ich eigentlich nichts zu tun hatte. Beispielsweise für die Balten.

Liegt es vielleicht daran, dass Ihre Familie eben nicht nur international ist, sondern dass sie supranational ist?

Vollkommen richtig. Man muss doch die eigenen Nationen lieben und sich für sie einsetzen. Und darüber hinaus. Ich war kürzlich im Kosovo, ich habe mich immer für den Kosovo eingesetzt, obwohl der Kosovo nie zu Österreich gehört hat. Aber für mich gehören sie dazu. Man fühlt sich wie sie und man tut dann, was man kann. Und gelegentlich gelingt etwas, gelegentlich gelingt es nicht.

Was würden Sie als Ihren persönlichen Lebenserfolg beschreiben?

Vielleicht ein wenig das Gefühl, dass fast all diese Völker nun frei sind. Fast alle sind heute unabhängig. Und vielleicht haben wir dazu ein kleines bisschen beigetragen.

Kann man sagen, dass der Habsburg-Faktor Grenzen weggebracht hat?

Das kann man nicht so apodiktisch sagen, aber er hat ein bisschen dazu beigetragen. Geschichte spielt sich in vielen kleinen Stücken ab. Da spielen viele Elemente eine Rolle.

Alles, jeder Erfolg?

Er besteht aus vielen kleinen Stücken. Wenn man Erfolg hat, muss man sich immer wieder sagen, der und der hat das und das gemacht und alles zusammen hat zum Erfolg geführt. Man ist es nie ganz allein.

Nun haben Sie in Ihrem Leben auch ganz schlimme Niederlagen erlebt. Wie sind Sie mit Niederlagen umgegangen? Wie macht man das? Die meisten Menschen bleiben ja liegen.

Da ist die Verpflichtung, die eine Rolle spielt. Man muss. Man hat die Pflicht, das zu überwinden. Aber vielleicht fällt mir das auch besonders leicht. Als ich ein kleines Kind war, war schon mein Spitzname das „Stehaufmännchen". Ich habe halt niemals eine Niederlage als eine Niederlage angenommen.

Sondern als eine neue Herausforderung?

Nun erst recht! Wissen Sie, es gibt einem sehr viel. Es gibt ein großes Verpflichtungsgefühl, die Möglichkeit, darüber hinwegzuschauen und weiter zu machen. Die meisten, leider, sitzen dann und lecken ihre Wunden. Aber wenn man nicht liegen bleibt und wenn man nicht die Wunden leckt, sondern direkt weitermacht, dann ist es viel besser. Bitte, es ist manchmal furchtbar, weil es sehr dunkle Tage gegeben hat, aber man ist immer wieder darüber hinweg gekommen.

Was waren die dunkelsten Tage für Sie?

Der März 1938, als die Hitlertruppen nach Österreich eingezogen sind. Das war sehr arg für mich. Madeira war natürlich auch arg. Es hat einige dunkle Stunden gegeben.

Sie führen doch seit vielen vielen Jahren ein kleines Tagebüchlein. Beim Arbeiten an Ihrer großen Biografie ist mir aufgefallen, dass Sie nach dem März 1938 erst einmal ein halbes Jahr nichts mehr eingetragen haben.

Daran kann ich mich zwar nicht mehr erinnern, aber es wäre durchaus logisch.

Sie haben eine wunderbare Konstitution und sind voller Energie. Aber das Leben ist endlich und man denkt natürlich darüber nach, was ist, wenn ich mal tot bin. Haben Sie sich solche Gedanken mal gemacht?

Ich weiß, was dann geschieht. Andere machen weiter, es wird weitergehen. Ich bin halt weg. Ich habe dann meine Pflicht erfüllt, und es ist etwas Ungeheures, wenn man das Gefühl hat, ich habe das getan, wofür ich auf der Welt war. Es gibt einem aber auch eine ungeheure innere Kraft.

Im Spanischen Bürgerkrieg

Sie sind schon immer zu den politischen Brennpunkten, auch nach Spanien in den Dreißigerjahren …

Erst kürzlich ist mir wieder eingefallen, dass ich dort Admiral Canaris[8] begegnet bin. Ich habe damals gar nicht gewusst, was für ein bedeutender Mann er war. Ich habe ihn im Spanischen Bürgerkrieg getroffen. Ich bin damals ein paar Tage nach Spanien gefahren, ich habe Spanien gekannt und wollte auch die Flugbasis auf Distanz anschauen, die die Deutschen gehabt haben. Wir sind also da gestanden und haben geschaut, plötzlich bremst ein Auto und ausgestiegen ist ein Mensch, den ich nicht gekannt habe. Es war Admiral Canaris, der mich offensichtlich erkannt hat und mit mir sprechen wollte. Wir sind dann etwas spazieren gegangen und haben über Politik gesprochen. Er war schon eine große Persönlichkeit.

Waren Sie lange im Spanischen Bürgerkrieg?

Eigentlich nicht lang, aber lange genug, um mir die Lage anzuschauen. Ich habe doch damals schon angefangen, politische Artikel und Berichte zu schreiben. Es war aber eindrucksvoll. Die Leute sind echte Spanier gewesen, auf der einen wie auf der anderen Seite. Überall waren sie sehr mutig. Ich bin einmal mit einem Kommandanten an der Front gewesen, um mir das anzuschauen. Wir sind hinaufgegangen zum ersten Schützengraben und haben uns davor gesetzt und geredet. Dann habe ich schon gemerkt, die andere Seite schießt auf uns, aber da muss man wieder Cavaliero sein, da darf man keine Angst zeigen. Die Kugeln sind rechts und links um uns geflogen. Irgendwann hat der Spanier dann doch gesagt, wir sollten vielleicht weggehen. Dann sind wir weggekrochen.

Sie halten zwar nicht viel von diesem Was-wäre-wenn-

---

[8] Admiral Wilhelm Franz Canaris (1887–1945) galt als Hintermann der deutschen militärischen Unterstützung im Spanischen Bürgerkrieg. Als Leiter der militärischenAbwehr protegierte er zahlreiche Widerstandskämpfer und wurde am 9. April 1945 hingerichtet.

Spielchen. Aber dennoch, was wäre gewesen, wenn Franco[9] den Bürgerkrieg verloren hätte?

Das wäre arg gewesen. Dann wäre nämlich Frankreich gefallen, wahrscheinlich auch Europa. Aber Hitler und Mussolini hätten schon eingegriffen. Zu jener Zeit waren die beiden noch stärker als die anderen. Dann hätten wir den Krieg aber schon früher gehabt. General Franco war ein sehr bedeutender Mensch, auch wenn das heute nicht alle hören wollen. Natürlich hat er seine schlechten Seiten gehabt. Die Leute verstehen aber nicht, wie sehr er den Juden geholfen hat. Er kam doch aus einer jüdischen Familie. Zwar war er krachkatholisch, aber ihm ist vollkommen bewusst gewesen, dass seine Familie eine Sephardenfamilie ist. Mir hat das sehr geholfen, weil ich das gewusst habe. Daher habe ich bei ihm, gerade für die Juden, sehr viel erreichen können.

War das in der schwierigen Zeit in 1940, als viele über die Grenze mussten?

Das auf der einen Seite, aber auch nachher. Verschiedene Personen haben sich immer wieder an mich gewandt, ich soll dies oder jenes bei Franco für sie verhandeln. Das habe ich auch getan und mir ist da vieles gelungen. Was auch niemand weiß, ist, dass Franco die Anweisung gegeben hat, wer immer als Sepharde auf eine spanische Botschaft kommt, soll sofort einen spanischen Pass erhalten. So sind viele Juden aus dem Baltikum den Nazis entkommen.

Habsburg und Hitler

Man wird heute wenige Menschen finden, die noch aus eigener Anschauung das Aufkommen des Nationalsozialismus erlebt haben. Sie waren – aus Studienzwecken – in Berlin zu jener Zeit und haben sich natürlich für die poli-

[9] General Francisco Franco (1892–1975) putschte 1936 gegen die spanische Regierung und regierte Spanien von 1939 bis zu seinem Tod 1975 diktatorisch.

tische Entwicklung interessiert. Wie konnte es geschehen, dass Hitler einen solchen Erfolg gehabt hat?

Ich war ungefähr von Herbst 1932 bis Ende Januar 1933 in Berlin, um am Institut des berühmten Agrarwissenschaftlers Professor Sering für mein Doktorat zu arbeiten. Man muss schon sehen, dass die Deutschen damals sehr verzweifelt waren. Es hat ein ungeheures Elend gegeben, was heute kaum mehr vorstellbar ist.

Wie hat das ausgesehen?

Den Menschen ist es sehr schlecht gegangen. Es hat doch damals Millionen von Arbeitslosen gegeben – ohne jede Arbeitslosenunterstützung, die es heute gibt. Es war ein echtes Elend. Was mich beeindruckt hat, war, dass an den U-Bahn-Abgängen die Kriegsveteranen gestanden sind und Äpfel verkauft haben, und dabei fast am Verhungern waren. Die Leute haben einfach nichts zum Leben gehabt und sind untergegangen. Und noch eines: Nach dem Krieg dann habe ich jemanden getroffen, der in der Steiermark ein großer Nazi gewesen ist, eigentlich ein netter, anständiger und gescheiter Mensch, und habe ihn gefragt, wie er überhaupt dazu gekommen ist. Da hat er mir die Geschichte erzählt: er war ein kleiner Industrieller mit einem kleinen Betrieb, aber die Geschäfte gingen zunehmend schlechter, fast bis zum Ruin. Irgendwann hatte er kein Geld mehr gehabt, um seine Angestellten zu bezahlen und seine Familie zu ernähren. Da ist er nachts in das Zimmer seines Kindes gegangen und hat dessen Sparschwein zerschlagen, um an Geld zu kommen. Und in dieser Nacht, sagte er mir, sei er Nationalsozialist geworden. Er hat nicht geahnt, was daraus werden würde, aber er wollte seine Familie retten. Seither habe ich auch ein gewisses Verständnis für die Leute, die aus dieser unendlichen Misere heraus wollten. Ein Glück, dass es so etwas heute nicht mehr gibt, diese totale Hoffnungslosigkeit, wo die Leute wirklich im äußersten Elend sind.

Da fallen sie natürlich leicht auf jemanden herein, der

ihnen große Versprechungen macht. Aber wie war die politische Entwicklung?

Ich hatte mich natürlich schon sehr lange für Politik und speziell für die Nationalsozialisten interessiert. Als ich in Berlin war, habe ich dann alle Politiker abgegrast und mit vielen gesprochen. Ich bin Feldmarschall Hindenburg[10] begegnet, habe ihm einen Höflichkeitsbesuch gemacht. Der alte Herr war im Übrigen sehr charmant gewesen, denn er hat anlässlich meines Besuches all seine österreichischen Dekorationen angelegt. Ich habe mit allen möglichen Leuten gesprochen, im Reichstag oder um den Reichstag herum. Die besten Informationen überhaupt hat mir Gregor Strasser[11] gegeben, der später von Hitler ermordet worden ist. Er hat die gesamt Organisation der NSDAP perfekt gekannt, da er der Organisationsleiter war. Aber irgendwie war er ein anständiger Mensch, der einfach übergeschnappt ist, auch sein Bruder, Otto Strasser. Interessant war, auch das wusste ich von Strasser, dass die Partei im Winter 1932/33 finanziell so gut wie am Ende war. Und trotzdem haben sie es geschafft.

In der ganzen Geschichte hatte ich aber einen wirklichen Vorteil, ich wusste von Anfang an, worauf Hitler hinaus will – denn ich habe damals „Mein Kampf" gelesen. Und das hat mir in der Tat einen Dienst erwiesen, es stand doch alles drin, was er vorhatte. Es haben sehr wenige Leute gelesen, man hat es als Arzt oder Rechtsanwalt nur in seinem Wartezimmer ausgelegt, um die „gute Gesinnung" zu demonstrieren, aber gelesen hat es so gut wie niemand. Und es hat auch niemand ernst genommen. Und dabei war doch klar, was der Kerl wollte, er hat es doch selbst geschrieben! Es hat mich im übrigen große Opfer gekostet, dieses

---

[10] General Paul von Hindenburg (1847–1934) war der zweite Reichspräsident der Weimarer Republik.

[11] Gregor Strasser (1892–1934) war Reichsorganisationsleiter der NSDAP. Er organisierte die gesamte Struktur der NSDAP, sowohl bezüglich ihrer regionalen Gliederung, als auch hinsichtlich ihres vertikalen Aufbaus. Strasser wurde im Zuge des sogenannten „Röhm-Putsches" 1934 ermordet.

Buch zu lesen, es war in einer sehr schlechten Sprache geschrieben, es sollte besser heißen „Mein Kampf gegen die deutsche Sprache", wie das der Buchkritiker einer führenden Berliner Zeitung geschrieben hatte.

Dennoch sind die Massen weiter zu ihm hingeströmt. Sie haben dann, mit dieser Erkenntnis der Lektüre von „Mein Kampf" im Hintergrund, die weiteren Geschehnisse verfolgt?

Insbesondere nach meinen Konversationen mit Strasser, der vielleicht – ich weiß es aber nicht – schon innerlich Abschied genommen hatte von der Sache. Nachdem er mir von Hitlers Auftritten erzählt hat, habe ich das sehr stark verfolgt. Ich habe ihn gefragt, wie sich das abspielt. Und er hat mir folgendes erzählt: Wenn Göbbels geredet hat, dann hat er vorher die Organisatoren gefragt, welche Platte soll ich auflegen; Göring hat niemanden gefragt, hat einfach geredet. Hitler aber ist gekommen, hat in den ersten fünf Minuten seiner Rede die Atmosphäre getankt. Er hat herumgeschaut, er hat die Aufmerksamkeit auf sich gelenkt, hat inhaltsloses geredet, und dann ist nach vier bis fünf Minuten ein Brüller aus ihm herausgekommen. Das ist wahr. Zuletzt war ich bei einer seiner Versammlungen von ihm auf den Alexanderplatz in Berlin gewesen. Dort war alles ganz geplant: Er kam stehend im offenen Auto auf den Alexanderplatz gefahren und während er hingefahren ist, hat er in die Menge geschaut – und jedermann hatte das Gefühl, er schaut ihn an. Mir ist das auch so gegangen. Wie er das gemacht hat, ich weiß es nicht. Noch dazu stand ich damals in einer Gruppe von Kommunisten, um mich abzusichern. Und dann stand er oben, hat sozusagen das Publikum in sich aufgesaugt, in sich eingeatmet und dann hat er losgelegt.

... sozusagen, nachdem er die Frequenz eingestellt hat ...

Ja, aber es war eine Frequenz, nicht die Platte, wie es beim Goebbels war – das war reiner Zynismus –, sondern es war etwas anderes. Er hat die Emotionen eingefangen mit einer gewaltigen Ausstrahlung. Wie gesagt, jeder hatte das Gefühl, er schaut ihn an.

Und hat er es auch geschafft, auch die Kommunisten auf seine Seite zu ziehen?

Alle! Ich sagte eben, dass ich in einer Gruppe von Kommunisten gestanden bin, die eigentlich gekommen waren, um zu randalieren. Das waren ganz harte, ganz Überzeugte. Als Hitler dann kam, war vor ihm eine Welle des Schweigens gewesen, eine ganz große Welle des Schweigens – wie bei einem Tsunami. Und dann, als er an uns vorbei war, schrieen alle „Heil, Heil", auch meine Kommunisten. Noch bevor er geredet hat!

Kurios ist, dass er erst ganz kurz vor der Machtergreifung die deutsche Staatsbürgerschaft bekommen hat. Bis dahin war er österreichischer Staatsbürger gewesen.

Aber er hat alles verachtet, was Österreich ausgemacht hat. Diese Multinationalität, diese vielen Völker, vor allem slawische Völker, die waren ihm ein Greuel.

Sie haben in Berlin mit allen möglichen Politikern gesprochen, aber nie mit Hitler. Warum nicht?

Er hat zweimal versucht, mit mir zu reden, aber ich habe es abgelehnt. Ich kann nur immer wieder sagen, wie nützlich die Lektüre von „Mein Kampf" für mich war. Danach wusste ich, was dieser Mann wollte. Es war mir klar, dass er seine Hand nach Österreich ausstrecken wird. Und mir war klar, dass er mich dafür instrumentalisieren wollte. Das ist ihm doch beim deutschen Kronprinzen gelungen. Und ich war damals doch der österreichische Kronprinz gewesen.

Das wäre verheerend gewesen, wenn es ein Foto von einer solchen Begegnung gegeben hätte!

Natürlich! Aber er hat es zweimal versucht, und ich habe abgelehnt. Ich habe ihm ausrichten lassen, dass ich nur zu Studienzwecken in Berlin war und mit Politik nichts zu tun haben wollte. Was natürlich gelogen war, denn ich habe mich sehr um die Politik gekümmert. Mit allen möglichen Leuten habe ich gesprochen, weil ich auch wissen wollte, wie es möglich ist, dass man sich einer solchen Sache anschließt.

Sind manche von diesen Schicksalen nachvollziehbar?

Manche sind schon nachvollziehbar. Es hat doch ein großes Elend gegeben. Und es waren viele anständige Leute dabei, die dann übergeschnappt und an der ganzen Situation zerbrochen sind. Man müsste denen aber verzeihen. Gewisse Formen der „Vergangenheitsbewältigung“ sind doch sehr unklug. Man sollte verstehen, was mit den Leuten schiefgegangen ist. In Ungarn nehmen mir sehr viele Menschen übel, dass ich doch ab und zu für gewisse Kommunisten eintrete. Aber nehmen wir doch zum Beispiel Gyula Horn, den ehemaligen Ministerpräsidenten. In einem bestimmten Moment war er sehr anständig. Und er war sehr talentiert. Er stammt aus einer vielköpfigen Familie aus einem der düstersten Bezirke von Budapest, war aber sehr intelligent. Die Partei hatte die Fähigkeit, begabte junge Leute mit Stellenangeboten anzusprechen. Ich verstehe, wenn die Leute dann mitmachen. Horn ist aus dem Elend aufgestiegen, hat sich hochgearbeitet. Er wollte lernen. Das konnte man nur über die Partei machen.

Auf der Flucht in die USA

Eigentlich waren Sie die ersten 40 Jahre Ihres Lebens fast dauernd auf der Flucht. Nach Ende Ihres Studiums haben Sie sich eingesetzt gegen den Anschluss Österreichs, was Hitler so erbost hat, dass er den Einmarsch in Ihre Heimat den Namen „Operation Otto“ gegeben hatte. Und mit Ausbruch des Krieges und dem Angriff der deutschen Truppen auf Belgien mussten Sie wieder auf die Flucht. Die deutschen Truppen, die auf Brüssel zumarschiert sind, hatten den Befehl, sofort zu schießen, wenn sie Sie oder einen Ihrer Brüder erwischt hätten.

Wir hatten aber schon eine Warnung bekommen. Es hat

einen Anruf gegeben, man solle sich auf einen Spaziergang begeben. Das war das Signal. Wir sind dann über Dünkirchen in Richtung Frankreich geflohen, ich bin gleich nach Paris, um mich dort um unsere Leute zu kümmern. Ganz Frankreich war doch voll mit Flüchtlingen. Am Vorabend des deutschen Einmarsches bin ich noch in Paris gewesen, im Ritz zu einem Abendessen mit der amerikanischen Zeitungsverlegerin Claire Boothe-Luce[12]. Die Stadt war ganz leer. Als mein Bruder und ich zum Ritz gegangen sind über die Place Vendome, haben unsere Schritte von den Hauswänden widergehallt, so leer war es. Wir haben dann zu Abend gegessen und noch in der Nacht Paris verlassen. Am nächsten Tag sind dann die Deutschen gekommen. Noch heute findet man im Gästebuch des Ritz unter meiner Unterschrift die von General Rommel[13] und seinem Stabchef.

Sie haben sich insbesondere um die Juden gekümmert. Der portugiesische Generalkonsul von Bordeaux, Aristide de Sousa-Mendes[14], stellte ununterbrochen Visa aus – trotz des Verbotes von seiner Regierung. Ihm haben Sie fast sackweise die Pässe, die Sie unter den Flüchtlingen gesammelt hatten, gebracht, damit er die Visa hineinstempeln konnte. Auch hat Ihnen der spanische Regierungsvertreter Prope de Callejon bei dem Übertritt nach Spanien auf Weisung Francos energisch geholfen.

Man musste das doch tun, die Leute waren doch in einer verzweifelten Lage gewesen. Wir sind dann ebenfalls weiter nach Portugal. Von dort aus haben wir uns auch gekümmert, denn die Leute mussten dann doch weiterkommen. Ich konnte aber nicht lange dort bleiben. Die deutsche

---

[12] Claire Boothe-Luce (1903–1987) war Journalistin und mit dem Herausgeber von „Time“ Henry Luce verheiratet.

[13] Generalfeldmarschall Erwin Rommel (1881–1944) leitete den Westfeldzug nach Frankreich. Später stand er in Verbindung mit den Widerstandskämpfern des 20. Juli und beging anschließend Selbstmord.

[14] Aristide de Sousa-Mendes (1885–1954) portugiesischer Diplomat, wurde nach der Aktion in Brodeaux zurückgerufen nach Portugal. Er starb dort verarmt, erst nach seinem Tode wurde er für die mutige Tat geehrt.

Regierung hatte meine sofortige Auslieferung gefordert. Da hat mir Dr. Salazar[15] gesagt: „Wir werden Sie nicht ausliefern, aber schauen Sie, dass Sie wegkommen." Das war eindeutig, also bin ich weiter nach Amerika und habe mich von dort aus gekümmert. Allerdings ohne Erfolg. Ein Unterstaatssekretär hat mir ganz offen gesagt, wir haben schon genug Juden hier, soll sie doch der Hitler behalten. Mit meinem Bruder Felix sind wir dann weiter zu einigen mittelamerikanischen Regierungen, die uns dann sehr geholfen und uns etliche Visa für Flüchtlinge gegeben haben. Sehr generös waren die Staatsoberhäupter von Santo Domingo Trujillo und Batista von Cuba. Auch war die chinesische Regierung von Tschiang Kai Schek sehr hilfreich.

Aber Sie waren im Jahr zuvor schon einmal in den USA gewesen und kannten von daher doch auch Präsident Roosevelt.

Das war so gekommen: Wir hatten natürlich Kontakte nach Deutschland hinein. Es gab zwischen Deutschland und Holland, in der Nähe von Maastricht ein Kloster, welches genau auf der Grenze stand. Und darüber liefen Kontakte. Einmal ist ein junger Kaplan gekommen, der mir über diesen Weg geheime Unterlagen zukommen ließ. Es war Kaplan Rudolf Graber[16], der spätere Bischof von Regensburg, der mir Gesprächsaufzeichnungen aus dem Führerhauptquartier brachte, mit den genauen Daten der Aktionen der bevostehenden Offensive. Woher er sie hatte, weiß ich nicht, es ist aber klar, dass es auch in der politischen Führung eine undichte Stelle gegeben haben muss. Ich habe die Unterlagen weitergegeben an den amerikanischen Botschafter William Bullitt[17], der sie an Roosevelt durchgegeben hat. Und Präsident Roosevelt hat gesagt, er möchte den Mann kennenlernen, der ihm das zugespielt hat

---

[15] Antonio de Oliveira de Salazar (1889–1970), Ministerpräsident eines autoritären Regimes in Portugal.

[16] Rudolf Graber (1903–1992), Bischof von Regensburg

[17] William C. Bullitt (1891–1967), amerikanischer Diplomat, Journalist und Schriftsteller. Zu jener Zeit war er amerikanischer Botschafter in Paris.

30. Dezember 1916: Feierliche Krönung zu König und Königin von Ungarn. Kronprinz Otto ist bei allen Zeremonien mit dabei.

Kaiser Franz Joseph und der kleine Kronprinz Otto.

Beim Begräbnis Kaiser Franz Josephs.

Der Kronprinz und seine Geschwister.

Bereits im Exil in der Schweiz:
Kaiser Karl in Zivil und Otto an Fronleichnam 1920.

Otto und seine Geschwister 1921 in Schloss Wartegg
in der Schweiz.

Kaiserin Zita und Otto beim Kirchgang in Lequeitio.

Otto und seine Geschwister:
Adelhaid, Robert, Felix, Carl-Ludwig, Rudolf, Charlotte, Elisabeth

Auch die Reiterei gehört neben dem Radfahren zu Ottos Lieblingssport.

Ein hartes Arbeitsprogramm.

Schon als junger Mann fühlt sich Otto mit Ungarn verbunden.

Am 20. November 1920 wird Otto nach den Hausgesetzen großjährig.

Der Heimat verbunden! Otto in Tiroler Tracht.

und mich in die USA zu einem Treffen mit ihm eingeladen. Das war im Frühjahr 1940.

Und Sie konnten dann von Ihren Kontakten profitieren, als Sie das zweite Mal nach Amerika kamen.

Es war sehr nützlich gewesen. Speziell als die Bombardierungen losgingen. Ich hatte einen sehr guten Freund, Dr. Felix Somary[18], den Schweizer Handelsgesandten. Und der hat auch jedermann gekannt. Nun hatte er auch Kontakte zum Bomb Target Command. Und immer, wenn eine Bombardierung Österreichs geplant war, hat er mich davon in Kenntnis gesetzt. Ich bin dann sofort zu Roosevelt, beziehungsweise zu seiner Sekretärin Grace Tully, wenn ich ihn selbst nicht erreicht habe, und habe versucht, das Schlimmste zu verhindern. Man hat doch zum Beispiel solche absurden Sachen geplant, Bad Vöslau zu bombardieren, weil man geglaubt hatte, es sei ein großes industrielles Zentrum.

War es nicht belastend, immer auf der Flucht zu sein? Das Hitlerregime war doch immer hinter Ihnen her.

Die ganze Zeit und fast überall. Es hat auch zwei Anschläge gegeben, die aber erfolglos waren. Manches war doch sehr riskant. Aber ich war überzeugt, dass das Hitlerregime eines Tages enden würde, und man wird es überleben und es ist auch dann so gewesen.

Wie lebt man mit einer solchen Gefahr?

Man hat immer irgendwie das Gefühl gehabt, dass etwas passieren könnte. Mir ist einmal auf einer Veranstaltung, wo ich gesprochen habe, in Amerika, ein Papier in die Tasche gesteckt worden: „Heute werden Sie erschossen". Ich habe es eingesteckt. Aber ich habe auch später solche Dinge erlebt. Ich habe zwei sehr nette Briefe bekommen über meine Exekution von Arkan[19], dem Chef der Tschetniks. Er hat mir zweimal geschrieben. Leider habe ich die Briefe

---

[18] Felix Somary war ein bedeutender Schweizer Bankier und Nationalökonom.

[19] Zeljko Raznatovic, genannt „Arkan" (1952–2000), war Anführere der paramilitärischen Organisation Arkan Tiger und hat zahlreiche Kriegsverbrechen im ehemaligen Jugoslawien auf dem Gewissen. Er wurde im Januar 2000 in Belgrad erschossen.

verloren. Einmal hat er geschrieben, wenn ich nach Sarajevo komme, wird mir das Gleiche passieren wie Erzherzog Franz Ferdinand. Dann bin ich nach Sarajevo gefahren und mir ist nichts passiert. Als ich das zweite Mal nach Sarajevo fuhr, war es wieder das gleiche. Arkan ließ mich wissen, dass nun wirklich Schluss sei. Ich bin in eine Versammlung gekommen und beim Hereingehen in den Saal hat mir einer ein Blatt zugesteckt mit der Botschaft. Man kann das aber den Leuten nicht zeigen.

Darf man die Angst nicht zeigen?

Wenn man sich an die Geschichte von Erzherzog Franz Ferdinand erinnert, dann darf man die Angst nicht zeigen. Er wusste ganz genau, dass etwas passieren würde.

Kurz vor Ende des Krieges sind Sie nach Europa zurückgekehrt ...

Es war ein unbeschreiblich schönes Gefühl, wieder hier zu sein. Ich bin zunächst über Portugal nach Frankreich gelangt und dann nach Österreich gegangen und habe mich in Vorarlberg und Tirol aufgehalten. Aber auf Druck der Sowjets musste ich wieder das Land verlassen. Das war ungefähr zur gleichen Zeit, als Karl Renner unterwürfige Jubelbriefe an Stalin geschrieben hat. Dann habe ich viel geschrieben für Zeitungen und Nachrichtenmagazine. Mit meinem Bruder Robert habe ich eine große Weltreise gemacht, und von dort aus auch viele politische Reportagen geschrieben.

Sie haben in Ihrem Leben sehr viele große Persönlichkeiten und Politiker kennengelernt. Wer hat Sie davon am meisten beeindruckt?

Eindeutig Charles de Gaulle. Er ist einer der größten, die ich gekannt habe. Er war ein Mensch, der absolut für die reichische Idee war, er war kein kleinlicher Nationalist, sondern jemand, der eine große Vision gehabt hat. Und er war absolut für die Aussöhnung mit den Deutschen. Ich kann Ihnen da eine beeindruckende Geschichte erzählen, die sich kurz nach der Schlacht von Stalingrad, also einer der ärgsten Niederlagen Hitlers, abgespielt hat. Ich habe es zwar nicht selbst erlebt, aber mein Bruder Robert, der in jener Zeit in England war. Es hat einen englischen Abgeordneten, Ronald Tree, gegeben, der sich im Auftrag von Churchill mit dem ganzen Exil beschäftigt hat. Und der hat auf seinem Landsitz in jenen Tagen ein Treffen von Exilpolitikern organisiert. Es waren einige dabei, die Tschechen, die Polen, auch mein Bruder Robert und eben auch General de Gaulle. Und man sprach darüber, was nach dem Krieg mit Deutschland zu geschehen sei. Man saß um den Kamin herum und De Gaulle hat die ganze Zeit nichts gesagt und offenbar gelangweilt zugehört. Mein Bruder Robert saß neben ihm. Gegen Ende hat sich der Gastgeber an den General gewandt und ihn gefragt, was seine Ansicht zu Deutschland wäre. Worauf er gesagt hat: „Schauen Sie, es ist wahr, es ist hier viel Unsinn geredet worden. Wir dürfen etwas nicht vergessen. Die größte europäische Tragödie war der Vertrag von Verdun. Und es wird in Europa niemals einen dauerhaften Frieden geben, wenn es nicht eine Wiedervereinigung der Ost- und der Westfranken gibt, Dafür müssen wir uns einsetzen."

Und das war zu einer Zeit, als es ganz unpopulär war, zu sagen, dass man sich mit Deutschland wieder versöhnen muss. Es zeigt aber auch, dass er weit in die Geschichte hineingedacht hat, denn mit dem Vertrag von Verdun meinte er die Aufteilung des Reiches von Karl dem Großen unter seinen Söhnen. Es gibt auch das Wort, De Gaulle sei der „Mann von vorgestern und übermorgen".

De Gaulle war wirklich ein Visionär, er war ein Mann, der weit über den Sachen gestanden ist. Er hat für Frankreich sehr viel geleistet. Auch der Frieden mit Algerien, der ihn viele Sympathien gekostet hat, war von großem Weitblick gewesen. Er sprach auch von „La Paix des braves", der Frieden der Tapferen. Ich sehe niemanden, der größer als De Gaulle ist.

Keine Familie, sondern ein Stamm

Ende der vierziger Jahre haben Sie sich öfters in München aufgehalten und dort haben Sie Ihre Frau Regina kennengelernt.

Das ist richtig. In München-Allach hat es ein Lager für Flüchtlinge aus der russischen Zone gegeben, in dem auch sehr viele Ungarn waren. Dort hat Regina gearbeitet und wir haben uns dort getroffen. Die Familie meiner Frau hat auch ein schweres Schicksal erlitten. Ihr Vater, Herzog Georg III. von Sachsen-Meiningen wurde im Sommer 1945 von den Russen verschleppt und ist wenige Monate später in einem russischen Lager elend gestorben. Reginas Mutter musste zu Fuß aus Thüringen in Richtung Bayern fliehen.

Wie wichtig war in allen Ihren Lebenssituationen Ihre Frau?

Ich verdanke ihr sehr viel. Wenn sie mir nicht den Rücken freigehalten hätte, hätte ich nie dies alles machen können. Sie hat die Familie gemanagt, sie hat die finanziellen Angelegenheiten betreut, was ich selbst nie zu Stande gebracht habe. Sie hat sehr viel getan. Außerdem war sie in der Familie ein beruhigendes Element und ein Gleichgewicht. Wir haben eine sehr glückliche Ehe, bis heute.

Wie lange sind Sie nun verheiratet?

Über 55 Jahre. Wir haben 1951 geheiratet. Ich war sicherlich spät dran, ich war schon 39 damals, aber hatte vorher, während des Krieges einfach keine Zeit, an so etwas zu denken. Und außerdem habe ich Regina auch erst 1949 in München kennengelernt. Es ist eine ideale Verbindung und ich bin ihr mehr als dankbar.

Sie haben 7 Kinder und mittlerweile 22 Enkelkinder …

… das ist ja keine Familie mehr, das ist ein Clan, ein Stamm.

Kennen Sie denn alle 22 Enkelkinder beim Namen oder müssen Sie darüber nachdenken?

Gelegentlich muss ich doch nachdenken. Es sind halt sehr viele. Einige sind ganz weit weg, zum Beispiel in Spanien oder den USA, andere sind ganz nah. Die drei Kinder meiner Tochter Gabriela wohnen auf der anderen Seite des Starnberger Sees in Seeheim, die sehe ich natürlich ständig.

Sind Sie zufrieden mit Ihrer Familie?

Ich sehe, dass die Fahne weitergetragen wird, und das macht mich sehr glücklich. Von meinen sieben Kindern sind viele politisch aktiv. Und es geht nun schon langsam auf die Enkelkinder über. Mein Sohn Karl ist sehr engagiert, auch meine Tochter Gabriela. Sie tut sehr viel in Georgien, wo sie an der Universität von Tbilissi Kunstprofessorin ist. Mein Sohn Georg lebt in Ungarn, ist Sonderbotschafter Ungarns und Präsident des Ungarischen Roten Kreuzes. Meine Tochter Walburga, die einen Schweden geheiratet hat, ist heute Abgeordnete im schwedischen Reichstag und kümmert sich um außenpolitische Angelegenheiten. Sie hat als erste die politische Lunte gerochen. Als sie fünf Jahre alt war, habe ich sie einmal ins Bett gebracht und da hat sie mir feierlich erklärt, „Wenn ich groß bin, werde ich Politiker!"

Sie sind also zuversichtlich, dass Ihre Mission fortgeführt wird?

Absolut. Vor einiger Zeit ist mir etwas geschehen, was mich sehr glücklich macht. Ich war ziemlich krank gewesen, was mir eigentlich selten geschehen ist, aber manchmal passiert es eben. Und da hat eines meiner Enkelkinder zu mir gesagt, ich solle mich nicht sorgen, wenn etwas mit mir geschehen würde, dann würden sie die Fahne weitertragen. Das ist doch etwas wunderbares, wenn ein kleines Kind einem so etwas sagt.

Wie würden Sie denn die Habsburger beschreiben? Was ist das für ein Menschenschlag?

Stark politisch eingestellt, religiös gebunden, das ist ganz wichtig. Und dieses Gefühl, dass man eine Aufgabe hat.

Die Aufgabe Ihrer Familie wird also weitergetragen …

Ja, und diese Mission, diese Sendung ist doch wesentlich bedeutender. Ich bin sehr froh, dass Karl, Georg, Gabriela und Walburga mittun. Aber auch mit den anderen bin ich zufrieden. Es erfüllt doch jeder seine Aufgabe. Wir sind doch eigentlich keine Familie, wir sind ein Stamm. Das ist der Unterschied. Und vielleicht werden es noch mehr werden. Mein Enkel Severin interessiert sich auch für Politik und er wird sicherlich einmal eine große Karriere haben. Und nun ist mein Enkel Baltasar in Spanien politisch engagiert, bei einer kleinen, aber doch sehr erfolgreichen Partei in Katalonien. Ich habe nie belehrend sein wollen, aber versucht, ihnen allen das politische Bewusstsein mitzugeben

Das große und das kleine Österreich

Heute haben Sie vier Pässe – daher kommt auch Ihr Bonmot: „Man kann nie Pässe genug haben.“. Es hat aber eine Zeit gegeben, da hatten Sie gar keinen Pass.

Das war unmittelbar nach dem Krieg. Lange Zeit habe ich keinen gehabt. Aber mir hat einmal der ungarische Gesandte in Lissabon einen wunderbare klugen Satz gesagt: „Solange ich eine Schreibmaschine habe, habe ich auch einen Pass.“ Und das habe ich beherzigt. Am Ende des Krieges habe ich mir mit meiner Schreibmaschine ein Papier selbst ausgestellt, mit dem ich mich dann in Deutschland frei bewegen konnte. Das Papier hat mich als Sonderbeauftragten der monegassischen Befreiungsarmee ausgewiesen, die es natürlich nicht gegeben hat. Aber das hat niemand gewusst, und die Leute waren sehr beeindruckt von dem Papier. Und ich konnte damit viel machen.

Ihre Vorfahren haben nicht nur den Titel Kaiser von Österreich und König von Ungarn gehabt, sondern auch zahlreiche andere. Es gibt den sogenannten „Großen Kaisertitel“, in dem über 40 verschiedene Titel zusammen-

gefasst sind[20]*. Haben Sie denn dazu selbst noch eine Verbindung?*

An sich sind Titel nicht wichtig. Aber zu einigen habe ich schon eine Verbindung. Andere sind historisch entstanden, beispielsweise der „König von Jerusalem", der aus der Zeit der Kreuzzüge kommt. Aber manche Juden nehmen ihn sehr ernst. Mir ist einmal folgendes passiert als ich vor vielen Jahren zum ersten Mal in Jerusalem war. Da bin ich in eine sehr schöne Synagoge der Bokaro Sekte gegangen. Die Juden dort hatten wunderbare Gewänder an, die Synagoge war besonders schön und die Liturgie war grandios. Dann bin ich da drinnen gesessen und habe es eigentlich sehr genossen. Plötzlich hat mir jemand auf die Schulter geklopft und gesagt, ob ich kommen könnte. Ich bin dann mit ihm gegangen, denn es war ein Polizist. Er hat mir gesagt, er sei geschickt um mich zu warnen. Denn es gäbe dort eine ganz besonders fundamentalistische Sekte, die noch an den König von Jerusalem glaubt. Und wenn ich noch länger bliebe, gäbe es einen Aufstand. Daraufhin bin ich natürlich weggegangen. Und habe gelernt, dass das offensichtlich noch eine Rolle spielt.

Welche Beziehungen haben Sie denn zu den Titeln?

Es gibt einige, die mir etwas bedeuten, Galizien zum Beispiel, Dalmatien auch, überhaupt diese vielen Gebiete, die einmal zu Österreich gehört haben, denen fühle ich mich sehr verbunden.

---

[20] Der große Kaisertitel umfasst folgende: Seine Kaiserliche und Königliche Apostolische Majestät von Gottes Gnaden Kaiser von Österreich, König von Ungarn und Böhmen, von Dalmatien, Kroatien, Slawonien, Galizien und Lodomerien, Illyrien, Lombardo-Venetien; König von Jerusalem etc.; Erzherzog von Österreich; Großherzog von Toskana und Krakau; Herzog von Lothringen, von Salzburg, Steiermark, Kärnten, Krain und der Bukowina; Großfürst von Siebenbürgen, Markgraf von Mähren; Herzog von Ober- und Niederschlesien, von Modena, Parma, Piacenza und Guastalla, von Auschwitz und Zator, von Teschen, Friaul, Ragusa und Zara; Gefürsteter Graf von Habsburg und Tirol, von Kyburg, Görz und Gradisca; Fürst von Trient und Brixen; Markgraf von Ober- und Niederlausitz und Istrien; Graf von Hohenems, Feldkirch, Bregenz, Sonnenberg etc.; Herr von Triest, von Cattaro und auf der Windischen Mark; Großwojwode der Wojwodschaft Serbien etc., etc.

Sie besitzen die österreichische Nationalität, die kroatische, die ungarische und die deutsche. Als was fühlen Sie sich?

Als Europäer. Diese Länder sind mir alle sehr nahe.

Was bedeutet Österreich für Sie?

Österreich ist viel mehr als dieses kleine Land. Und diese große Idee von Österreich lebt aber in vielen anderen Ländern weiter fort. Das heutige Österreich weiß gar nicht, welch großes Renommee es hat. Es ist manchmal eine Schande zu sehen, was Österreich sein könnte und was es nicht ist. Es herrscht ein gewisser Kleingeist in manchen Kreisen.

Sie haben auch durch Österreich große menschliche Verletzungen erlitten. Kann man das so sehen?

Ja. Aber das waren bestimmte Kreise gewesen, nicht alle.

Und dabei ist Habsburg in Österreich ein absoluter Exportartikel geworden. Nähmen wir aus Österreich, aus Wien alles weg, was durch die Habsburger geschaffen wurde, dann wäre Österreich auf einmal sehr dezimiert. Dann würde niemand mehr dorthin fahren wollen. Man verdient gutes Geld damit.

Es ist phänomenal, wie man das ausgenützt hat.

Fühlen Sie heute keinen Gram, wenn Sie an Österreich denken?

Nein. Das verdanke ich meinen Eltern, die alles getan haben, dass bei uns Kindern keine bösen Gedanken entstehen. Natürlich hat man uns schlecht behandelt. Allen voran Karl Renner[21] *– der ein echter „homunculus austriacus" war.*

Renner hat alles getan, damit die kaiserliche Familie so schnell wie möglich das Land verlässt. Er spielte auch beim Anschluss Österreichs eine ungute Rolle und nicht zuletzt hat er noch die servilen Briefe an Stalin geschrieben.

---

[21] Karl Renner (1870–1950) war einer der führenden Politiker der österreichischen Sozialdemokratie. Von 1918 bis 1920 Kanzler, von 1945 bis 1950 Bundespräsident.

Die Sozialdemokratie hatte doch immer in ihrem Parteiprogramm die Forderung nach dem Anschluss. Zuerst ist der Anschluss aber von den Alliierten verboten worden. Als dann aber Hitler gekommen ist, war Renner einer der ersten der vor lauter Begeisterung gejubelt hat. Er hat sofort einen großen Dankbrief an Hitler geschrieben. Und als dann nach dem Krieg die Kommunisten kamen, um Österreich zu besetzen, hat er einen Jubelbrief an Stalin geschrieben.

Also hat Adolf Hitler 1938 mit dem Anschluss einen sehnlichen Wunsch der österreichischen Sozialdemokratie erfüllt.

Genauso war es, aber das will heute niemand mehr hören.

Kommen wir noch einmal auf den März 1919 zurück. Ihre Eltern sind mit Ihnen und ihren Geschwistern nach dem Zusammenbruch im November 1918 erst einmal nach Schloss Eckartsau gegangen, einem Privatbesitz der Familie. Der Druck der Regierung wurde aber immer stärker.

Da hat es bereits eine bürgerliche Regierung gegeben und zwar eine der miesesten, unter der Führung von Karl Renner. Und dem war es natürlich unbequem, dass wir immer noch im Land sind. Mein Vater hatte auch nicht abgedankt, im Gegensatz zum deutschen Kaiser Wilhelm. Kaiser Karl hat lediglich vorübergehend auf seinen Anteil an den Regierungsgeschäften verzichtet. Er hat es nicht aufgegeben.

Ihre Eltern waren der Ansicht gewesen, dass man eine Krone nach 600 Jahren nicht einfach wie einen Hut absetzen kann.

Das war unmöglich für sie. Und das war dann für die republikanische Regierung sehr unbequem, dass der Kaiser noch im Land sitzt. Die Revolution war auch nicht konsequent gewesen.

Das war keine Revolution der Straße gewesen, vielmehr eine Revolution aus den Parteistuben heraus. Es haben sehr viele Menschen damals der Monarchie nachgetrauert. Aber Renner wollte die kaiserliche Familie draußen ha-

ben, aus Angst auch, dass die Monarchie wieder aufleben könnte. Er hat auch nichts zum Schutz der Familie getan, obwohl um Eckartsau sich eine Menge roter Garden herumgetrieben haben. Es war sehr heikel und es hätte leicht eine russische Situation entstehen können. Aber die Bevölkerung war bei weitem nicht so republikanisch, wie es die Wiener Regierung gerne gehabt hätte.

Man hat das auch gesehen, als wir weggefahren sind, was für eine Masse an Menschen am Bahnhof von Kopfstetten war.

Sie sind dann quer durch ganz Österreich mit dem Zug in Richtung Schweiz gefahren, die ihrer Familie Asyl angeboten hatte. Stephan Zweig, der am gleichen Tag, als Sie und Ihre Familie über Buchs Österreich verlassen haben, wieder nach Österreich zurückgekehrt ist, hat in seinem Buch „Die Welt von gestern" die Ausreise Ihrer Familie sehr eindrucksvoll beschrieben. Er hat damit auch die Stimmung der Menschen sehr gut eingefangen.

Mit den sogenannten Habsburgergesetzen vom März 1919 war auch verbunden die komplette Enteignung Ihrer Familie.

Man hat einfach alles weggenommen. Selbst der private Besitz wurde konfisziert, die privaten Konten wurden gesperrt. Es war schon eine schwierige Situation.

Andererseits treibt das Spiel mit der Monarchie mitunter auch seltsame Blüten in Österreich. Seit einiger Zeit ist in Wien eine Werbung für die Schatzkammer plakatiert, auf der eine Krone abgebildet ist und der Spruch „Sorry, we have no emperors, only their jewels" (Tut uns leid, wir haben keine Kaiser, nur ihre Juwelen!)

Das ist in der Tat eine der groteskesten Peinlichkeiten, die ich je gesehen habe. Unser einer kann darüber lachen. Es gibt andere Leute, die darüber weinen können. Aber es ist überaus grotesk. Gewisse Menschen sinken langsam auf ihr eigenes Niveau herunter. Dieser Satz stammt allerdings nicht von mir, sondern vom ehemaligen Bürgermeister von Budapest, Pfeifer Zsoltan, der in New York gesagt hat „Wenn das Exil noch länger dauert, sinken wir alle auf unser eigenes Niveau herunter.“

***

Die ärgsten Kämpfe – um Ihre Wiedereinreise – sind nun 40 Jahre her, wenn Sie heute in Österreich sind, schlagen Ihnen die Wellen der Sympathie entgegen. Und im Jahr 2002 hat der damalige Bundeskanzler Schüssel beim Festakt in der Hofburg anlässlich Ihres 90. Geburtstages eine schöne Rede auf Sie gehalten und Ihre Verdienste um das Land und die europäische Einigung gewürdigt. Würden Sie heute sagen, dass Sie mit der Republik ausgesöhnt sind?

Eigentlich schon. Es hat Zeiten gegeben, da war es schon hart, aber das ist lange vorbei. Die Sympathien hängen natürlich stark vom Ort und von der Gegend ab. In Wien weniger, dafür aber in Tirol, in Kärnten, Salzburg, Vorarlberg – da ist es etwas ganz anderes. Ich schätze die Leute dort auch sehr. Man kennt mich dort auch eher. Ich bin nach meiner Wiedereinreise sehr viel im Land herumgefahren. Und in Vorarlberg schreibe ich für die dortige Zeitung wöchentlich einen Artikel und das schon seit einer Zeit, als ich noch gar nicht in das Land hinein durfte. Daher fühle ich mich den Vorarlberger Nachrichten ganz besonders verbunden.

Im Jahr 1961 haben Sie die von der Republik Österreich geforderte „Verzichtserklärung“ unterschrieben. Warum?

Ich habe mich in der Zeit immer stärker für die Europapolitik eingesetzt. Mit Richard Coudenhove-Kalergi zusammen habe ich in der Paneuropa-Union gearbeitet. Und weil ich politisch aktiv sein wollte, musste ich doch in das Land reisen können.

Haben Sie das mit Ihrer Familie vorher besprochen?

Nein. Einige haben es gewusst. Und es ist mir nicht leicht gefallen, weil die Sache doch zu erpresserisch war. Ich habe lange in mir getragen, dass so etwas gemacht werden muss. Wenn man eine politische Aufgabe hat, muss man dieser alles unterordnen. Und ich konnte nicht politisch aktiv werden ohne irgendeine Basis. All jene Länder, in denen ich hätte arbeiten können, Kroatien, Ungarn, die waren nicht frei. Also blieb nur Österreich, und natürlich auch meine Freunde in Deutschland. Aber ich musste nach Österreich kommen können.

Und trotzdem hat es nach der Verzichtserklärung noch weitere fünf Jahre gedauert, bis Sie tatsächlich Österreich wieder haben betreten können. Sie haben alle Bedingungen erfüllt, mussten sich aber dennoch vor dem Verwaltungsgerichtshof erkämpfen, dass der Passus „Gilt für alle Staaten außer Österreich" endlich aus Ihrem Reisepass gestrichen wurde.

Das war eine besonders widerwärtige Angelegenheit. Aber am Ende hat man es erreicht. Ich bin dann in kleinen Stückchen immer wieder nach Österreich gefahren, sozusagen, um das Land daran zu gewöhnen. Erst einmal nach Tirol hinein, dann weitere kleine Ausflüge. Erst später bin ich dann nach Wien gegangen.

Einige Jahre später, 1977 und 1978 hat es noch einmal in Österreich einen Wirbel um Sie gegeben, als Sie die deutsche Staatsbürgerschaft beantragt hatten. Damals gab es noch nicht – wie heute – doppelte Staatsbürgerschaften.

Es ist damals hinausgelaufen auf die erste Direktwahl des Europäischen Parlamentes. Ich war schon viele Jahre politisch tätig gewesen, auch in der Hanns-Seidel-Stiftung, und dort habe ich viele meiner politischen Freunde gehabt. Es war Heinrich Aigner, der mich dazu animiert hat, für das Europaparlament zu kandidieren. Aigner war eine grandiose Persönlichkeit und ein echter Freund. Er hat im Europaparlament den Haushaltskontrollausschuss erfunden und war auch dessen Vorsitzender. Durch Aigner bin ich sozusagen hineingekommen. Aber auch Franz Joseph Strauss hat das unterstützt. Ich brauchte aber die deutsche Staatsbürgerschaft dazu, sonst hätte ich nicht Abgeordneter werden können.

Sie haben dann in Österreich erst einmal angefragt, ob es möglich wäre. Und es gab dann einen Trick, mit dem das möglich gemacht wurde. Damals galten bestimmte Ausnahmeregelungen, um eine doppelte Staatsbürgerschaft zu erlauben: für Sportler, Künstler und Wissenschaftler. Durch Ihre Mitgliedschaft in der französischen Akademie waren Sie also ein Wissenschaftler. Und so ist es gelungen. Allerdings auch nicht ohne das entsprechende innenpolitische Getöse. Man hat sogar gefordert, Ihnen die österreichische Staatsbürgerschaft zu entziehen. Irgendwann hat dann Bundeskanzler Kreisky gesagt „Ausgebürgert wird bei mir net!“

Er war auf seine Weise eine große Persönlichkeit. Entscheidend war allerdings die Haltung Niederösterreichs. Ich war dort 1912 geboren und die Landeshauptleute kamen aus dem Bauernbund. Da gehörten wir zusammen.

Wie ist das dann weitergegangen?

Es hat alles gut funktioniert. Ich lebte damals schon über 20 Jahre in Bayern und habe die deutsche Staatsbürgerschaft ohne Probleme bekommen. Kurioserweise genau einen Tag, bevor die Frist für die Kandidatur abgelaufen wäre, denn man musste mindestens ein Jahr deutscher Staatsbürger sein. Ich bin dann gleich zu einer Tagung der CSU nach Wildbad Kreuth gefahren, wo auch Franz Joseph Strauss war. Und der hat bei meiner Ankunft gleich gerufen „Gott sei Dank, das Heilige Römische Reich ist wieder zurück“. Die Nachricht war da gerade durch das Radio gelaufen.

Hat man denn in Österreich Ihr europäisches Engagement verstanden?

Ich fürchte, manche tun es bis heute noch nicht.

Es fällt mir auf, wenn ich mit Ihnen unterwegs bin, dass Sie in den verschiedenen Ländern ganz unterschiedlich gesehen werden. In Ungarn, Kroatien und auch Tschechien beispielsweise sieht man Sie wohl an als Sohn des letzten

Kaisers und Königs, als Erbe einer jahrhundertealten Dynastie, doch man sieht vor allem in Ihnen den Europapolitiker, den Visionär Europas, denjenigen, der sich für diese Länder stark eingesetzt hat. Hingegen in Österreich nimmt man Sie wahr als „der Kaiser", sowohl positiv als auch negativ belegt. Aber das, was Sie für das Land geleistet haben wird von wenig erwähnt. Sie in Österreich der Kronprinz, der Kaiser das Sinnbild für Monarchie, aber der Politiker, der Sie eigentlich sind, verschwindet hinter diesem Bild. Belastet das?

Mitunter, denn es macht die Sache viel schwieriger. Es macht die Sache wesentlich schwieriger.

Auch die Debatte um die Wiedereinreise war durchweg nur von diesem Bild geprägt. Es war für viele unvorstellbar, dass Sie etwas anderes wollten.

Das war sehr skurril. Aber den Kaiser bringt man gerne um.

Die Debatte war auch deswegen so scharf, weil man sich nicht vorstellen konnte, dass Sie etwas anderes wollten, als nach Österreich zurückzukehren und die Monarchie wieder auszurufen. Otto von Habsburg als einfacher Europapolitiker, das war für viele nicht denkbar.

Aber dabei ist doch der Europagedanke von Österreich ausgegangen. Und es ist bedauerlich, dass viele das nicht begreifen, dass Österreich in dieser großen Tradition steht, aus der so viel Kraft kommt.

Der Kaisersohn im Europaparlament

Während der sechziger und siebziger Jahre haben Sie zusammen mit Coudenhove-Kalergi in der Paneuropa-Union gearbeitet. Gleichzeitig waren Sie Berater der CSU-nahen Hanns-Seidel-Stiftung – wir haben schon darüber gesprochen. Doch wie genau kam es dazu, dass Sie auf der Liste der CSU für das Europaparlament kandidiert haben?

In die bayerische Politik bin ich auch durch Konstantin von Bayern gekommen, einen der wenigen von den Wittelsbachern, der sich in der Politik engagiert hat. Er war ein enger Freund und wir haben viel zusammen gearbeitet. Leider ist er viel zu früh gestorben, er ist 1969 bei einem Flugzeugabsturz ums Leben gekommen. Und da war außerdem noch Heinrich Aigner aus der Oberpfalz. Es lief dann immer mehr auf die erste Direktwahl für das Europaparlament hinaus. Und da ist die Idee entstanden, dass ich für die CSU nach Straßburg gehen sollte.

Konnten Sie sich denn gleich in der Partei durchsetzen?

Es hat schon einige Stürme und Kritik gegeben aus den eigenen Reihen. Aber dann hat Franz Joseph Strauss gesagt „Nun zeigt mal Eure Truppen!“. Und ich habe dann sehr viel Unterstützung aus der Sudetendeutschen Landsmannschaft bekommen, aus der CSU in Oberbayern, weil ich doch immer viele Versammlungen dort abgehalten habe. Und so ist es losgegangen.

Und als der Europawahlkampf dann eröffnet war, kamen die Querschüsse von links. Die SPD-Zeitschrift „konkret“ kommentierte „Eine schwarzbraune Sumpfblase blubbert gen Europa“ und Willy Brandt, Listenführer der SPD mokiert sich über die „importierte, abgetakelte kaiserliche Hoheit“.

Aber das war doch klar. Es sind unserem Wahlkampfteam sogar immer einige jugendliche Linke gefolgt, um in unseren Versammlungen zu stören. Aber die wurden dann immer weniger, einige konnte man sogar überzeugen. Brandt habe ich dann entgegnet, er sei doch das ambulante Beispiel für alles was faul sei in unserer Gesellschaft. Er war aber dann später kein fleißiger Abgeordneter, er war so gut wie nie da und hat nach kurzer Zeit sein Mandat niedergelegt, mit der Begründung, er könne es nicht verkraften, mit mir in einem Parlament zu sitzen. Meine Antwort war: dies ist die schönst Dekoration für mich. Ich glaube aber eher, dass es an seiner Faulheit lag. Aber so war damals die politische Atmosphäre, das ist heute doch ganz anders.

Im Europaparlament haben Sie Ihre Erfüllung gefunden. Eigentlich war das eine ideale Plattform für Sie gewesen.

In der Tat. Es waren unbeschreiblich schöne Jahre. Man hatte wirklich das Gefühl, etwas tun zu können und etwas nach vorne zu bringen – wenn man hart gearbeitet hat. Ich habe kein Verständnis für Abgeordnete, die nichts tun. Sie sind doch eigentlich dem Wähler gegenüber verantwortlich. Und man konnte nicht nur in den großen Dingen etwas bewegen, sondern auch in vielen kleinen. Ich habe daher auch immer die Freitagsplenarsitzungen sehr geliebt, da dort viele kleine Themen besprochen wurden, mit denen man doch vielen Leuten helfen konnte. Freitags waren natürlich nur mehr wenige Abgeordnete da gewesen, wir hießen daher der „Freitagsclub". Heute gibt es den Freitag nicht mehr. Man hat die Plenarsitzungen in Straßburg zu sehr verkürzt, dass ein gutes Arbeiten kaum mehr möglich ist. Ich bin immer mehr für Straßburg gewesen, als für Brüssel.

Warum?

Weil Brüssel doch für eine gewisse Bürokratie steht. Und Straßburg steht doch für etwas ganz anderes. Erst einmal hat diese elsässische Stadt doch eine große Symbolik für die deutsch-französische Aussöhnung, für Europa. Zweitens kann das Parlament in Straßburg viel unabhängiger sein als in Brüssel. Es wäre ein großer Fehler, wenn man Straßburg als Parlamentssitz abschaffen würde.

Aus Ihrer Zeit im Europäischen Parlament gibt es nicht nur Ihre großen Leistungen, sondern auch zahlreiche Anekdoten. Unvergessen ist, wie Sie einmal im Plenum zu Martin Schulz „Halt's Maul" gesagt haben. Schulz muss Sie während einer Rede über China dauernd mit Zwischenrufen gestört haben, bis Sie diesen Ausbruch hatten.

Aber wir sind dann später gute Freunde geworden. Ich schätze Martin Schulz sehr, heute ist er der Fraktionsvorsitzende der Sozialisten, aber wir haben ein gutes Verhältnis miteinander.

Einmal sind Sie sogar handgreiflich geworden gegen Ian Paisley, den nordirischen Extremisten.

Ich musste es! Das war beim Besuch des Heiligen Vaters im Parlament. Der Präsident hatte uns zwar vorher ermahnt, wir sollen uns sehr brav und ruhig halten, es wird bestimmt zu einem Krach kommen. Der Papst hat seine Rede gehalten und Paisley ist auf seiner Bank gesessen und hat dauernd gestört mit „Antichrist, Antichrist"-Rufen. Und die Saaldiener haben nichts gemacht! Eine Weile habe ich dem zugesehen, aber dann sind mir die Beine durchgegangen. Ich bin aufgesprungen, hingelaufen, drei Franzosen haben sich mir angeschlossen. Wir haben ihn gepackt und aus dem Plenum geworfen. Das war nicht ganz so einfach, denn er ist doch ein riesiger Mensch. Draußen stand natürlich schon die ganze Presse, die Paisley vorsorglich bestellt hatte. Und denen hat er in ihre Mikrofone gebrülllt: „You see, I have been attacked by popish hordes!" Da habe ich sehr lachen müssen.

Also waren Sie dann nicht mehr wütend?

Nein. Ich habe mich am nächsten Tag wieder sehr gut mit dem Paisley verstanden. Wenn einem einer so etwas sagt, kann man nur dankbar sein. Es ist doch ein herrlicher Begriff aus der Zeit der Reformation, diese „popish horde". Das hat auch den französischen Abgeordneten, die mich unterstützt haben, sehr gefallen. Eine Woche darauf ist der spanische Botschafter ins Parlament gekommen und hat mir erzählt, er habe am Tag davor eine Einladung zu einem Lunch bei der Königin von England gehabt. Und die Königin habe ihm gesagt: „Ich habe den Otto wirklich nicht gern, aber vorige Woche habe ich ihn beneidet. Er konnte Paisley hinauswerfen".

Sie kannten auch Alexander Langer gut, den einstigen Fraktionsvorsitzenden der Grünen. ES gab eine besondere Verbindung zwischen Ihnen beiden.

Er sozusagen hat mich angefreundet, damit hat es angefangen. Ich habe nicht gewusst, wer er ist und saß einmal beim Frühstück im Parlament, da ist er auf einmal zu mir gekommen und hat sich vorgestellt. Er war gerade das erste Mal da und gehörte zur grünen Fraktion, aber er war ein wirklich guter Mann, ein grundanständiger Mensch. Seine Aufgabe im Europaparlament hat er sehr gut erfüllt. Am Schluss waren wir so weit, dass bei bestimmten Abstimmungen schon gerufen worden ist: Da ist wieder die Grün-Habsburg-Achse. Eigentlich hatten damals die Sozialisten die Mehrheit in außenpolitischen Debatten. Aber dadurch, dass wir miteinander befreundet waren und uns in gewissen Dingen gut verstanden haben, haben wir bestimmte Sachen im Ausschuss durchsetzen können.

Am Ende war es gar so, dass er in seiner eigenen Fraktion manchmal Sachen durchgesetzt hat mit dem Spruch: „Aber der Kaiser hat gesagt ...“

Leider ist er dann tragisch geendet, er hat sich umgebracht. Es war ein großer Verlust für uns alle.

In der Süddeutschen Zeitung stand dann ein sehr schöner Nachruf auf ihn, man konnte darin auch lesen, wenn Otto von Habsburg und Alexander Langer auf den Gängen des Parlaments standen, sah es so aus wie wenn Vater und Sohn miteinander reden.

Wie wichtig ist es aus Ihrer Sicht, egal, was es für eine Situation ist, dass man über Menschen möglichst immer gut spricht?

Es ist sehr wichtig, aber ich muss gestehen, dass ich mir schon mitunter das Maul zerreiße.

Sie haben eine Gabe, die ich sehr bewundere. Sie können Menschen sehr charmant Ihre Schlechtmeinung mitteilen, und die bedanken sich noch dafür.

Aber warum sollte man sie beschimpfen, es ändert doch nichts und fördert nur die schlechte Laune. Ich habe immer geschaut, dass ich mit allen Menschen gut auskomme.

Ein wunderbares Beispiel dafür stammt auch aus dem

Europaparlament. Die sozialistische Abgeordnete Catherine Lalumière hatte im Plenum ihren Bericht über Russland gehalten. Sie als außenpolitischer Obmann der EVP hatten das erste Antwortrecht und sagten „Wenn ich mit einem blutigen Messer in der Hand neben einer Leiche vorgefunden würde, dann würde ich mir sofort Frau Lalumière als Rechtsanwältin nehmen". Und Madame Lalumière strahlte über das ganze Gesicht. Das ist eine ganz elegante Art, unbequeme Wahrheiten zu sagen.

Die Mauern fallen

Was waren die schönsten Ereignisse Ihres Lebens? Da hat es doch sicherlich einige gegeben, die Ihnen in Erinnerung sind.

Eines der schönsten war sicherlich der Tag des Paneuropa-Picknicks in Sopron am 19. August 1989. Dieser Tag war einer der großen. Leider konnte ich nicht dabei sein, obwohl es ursprünglich geplant war. Ich sollte zusammen mit dem ungarischen Staatssekretär Vas der Hauptredner sein. Aber es war eine heikle Situation, es hat damals noch über 80.000 russische Soldaten im Land gegeben. Man wollte die also nicht provozieren, denn man hat nicht gewusst, wie die Russen reagieren würden. Und wir haben uns dann verständigt, dass wir nicht dahingehen. Dann ist meine Tochter Walburga eingesprungen, die sich in der ganzen Sache im übrigen ungeheure Verdienste erworben hatte. Sie war die treibende Kraft. Und da sind dann viele DDR-Flüchtlinge in die Freiheit gelaufen. Das löst schon große Glücksgefühle aus. Und das war dann der Anfang zu der ganzen Entwicklung, dass der Eiserne Vorhang gefallen ist. Einem alten Menschen wie mir gibt das ein ungeheures Glück. Es ist doch so wunderschön, dass es die Grenzen nicht mehr gibt. Die Leute können wieder frei hin und her fahren, sie bewegen sich frei. Fast vergisst man heute, was Grenzen bedeuten, und eigentlich ist das auch gut so.

Wie ist das Paneuropa-Picknick damals eigentlich entstanden? Erich Honecker hat damals getobt und gesagt, das wäre eine geplante Aktion von Otto von Habsburg und der CIA gewesen ...

Es war ganz anders. Ich bin schon 1988 zum ersten Mal nach Ungarn gekommen und hatte dort auch schon einige Kontakte. Und dann saßen wir einmal im Frühjahr 1989, meine Tochter Walburga, mein Sohn Georg und ich, zusammen mit einigen Politikern in einem Gasthaus in Debrecen, in Osten Ungarns. Wir haben darüber geredet, dass die Atmosphäre im Augenblick so gut ist, und dass man da doch etwas machen müsste. Und eines von meinen Kindern hatte dann die Idee, an der Grenze eine Art Picknick zu veranstalten, um die Menschen wieder symbolisch zusammenzubringen. Also hat man angefangen, das ganze zu organisieren.

Aber diese Massenflucht war nicht geplant gewesen?

Ganz und gar nicht. Als wir angefangen haben zu planen, haben wir gar nicht gewusst, dass im Sommer diese großen Mengen an Flüchtlingen da sein werden. Bis zum letzten Moment haben wir nichts gewusst. Es sind dann Flugzettel verteilt worden, mit dem Hinweis, dass dann und dort diese Grenzöffnung stattfinden wird. Und da sind die vielen gekommen, die rund um Budapest oder auch am Plattensee in den Lagern waren. Als dann der Grenzzaun geöffnet wurde, sind die Menschen dann in die Freiheit gelaufen, es waren fast 700 gewesen.

Die Paneuropa-Union hat noch vor dem Fall des Eisernen Vorhangs viele Kontakte nach Mittel- und Osteuropa gehabt. Damit ist auch ein großes Netzwerk entstanden ...

... mit dem wir sehr gut arbeiten konnten. Und viele der Menschen, mit denen wir damals zusammengearbeitet haben sind heute in guten Positionen in ihren Ländern. Seit

1989 bin ich extrem viel herumgereist und habe auch gesehen, dass unsere Arbeit doch viele Früchte getragen hat. Wie viele andere im Westen haben doch die Jalta-Grenze als endgültig angesehen. Das hat die Paneuropa-Union nie gemacht.

Nach der Grenzöffnung haben auch viele Staaten die Gelegenheit genutzt, um Ihnen ihren Dank auszusprechen. Fast in jedem Land hat man Sie geehrt, in den verschiedensten Formen mit zahlreichen Orden. Wissen Sie, wie viele Orden Sie haben?

Das weiß ich nicht. Aber es gibt einige darunter, die mir besonders viel wert sind. Die ungarische Auszeichnung vor allem, ich trage sie auch häufig. Und die Auszeichnungen der baltischen Staaten, man hat doch das Gefühl, für diese Menschen wirklich etwas getan zu haben.

Die kleine Stadt am Meer ...

Wie hätten Sie Ihr Leben gemeistert, wenn Sie Müller oder Meier geheißen hätten?

Ich weiß es nicht, ich habe nicht Müller geheißen. Man hat mich das immer wieder gefragt, aber ich weiß es nicht. Man muss halt immer seine Aufgabe erfüllen, egal, wie man heißt. Aber ich muss sagen, dass mir meine Position als Abgeordneter am allerbesten gefallen hat.

Die Frage ist fast unvermeidlich, aber wir wollen sie trotzdem stelle, denn sie kommt immer wieder, und wir würden den Leser enttäuschen. Ungeachtet Ihrer parlamentarischen Laufbahn – sind Sie Monarchist?

Man stellt doch diese Frage immer wieder. Nein, ich bin weder Monarchist noch Republikaner. Ich bin Legitimist. Ein Staat muss legitim sein. Der Inhalt ist doch viel wichtiger als die Form. Sie können Republiken haben, die ihren Bürger schlecht behandeln, ebenso gibt es Monarchien, in denen es den Menschen schlecht geht und umgekehrt. Und es kommt auch stark auf die historische Entwicklung an. Es wäre doch undenkbar, dass aus dem Königreich Spanien, wo doch gerade dort der König der Wahrer und Beschützer der Demokratie ist, eine Republik würde. Und ebenso undenkbar wäre es doch, wenn man nun aus der Schweiz eine Monarchie machen würde.

Was macht denn eine gute Monarchie aus? Und wo gibt es Parallelen zu unserer heutigen Zeit?

Kaiser Franz Joseph hat doch einmal etwas sehr kluges gesagt: Im Jahr 1911 war der amerikanische Präsident Teddy Roosevelt auf einer großen Europareise auch in Wien. Und Roosevelt hat den Kaiser gefragt, was denn heute im 20. Jahrhundert noch die Aufgabe einer Monarchie sei. Und der Kaiser sagte: „Ganz einfach – meine Völker vor ihren Regierungen zu schützen!“ Ein sehr kluger Satz! Das wäre auch heute die Aufgabe des Parlamentariers – sein Volk vor seiner Regierung zu schützen. Die Regierungen machen doch viel Unfug.

Verbleiben wir doch bei dem Thema Monarchie. Auffällig ist, dass sich, abgesehen von Spanien und den kleinen wie Liechtenstein und Luxemburg, gerade in den protestantischen Ländern, England, Schweden, Dänemark, Norwegen die Monarchien gehalten haben in Europa.

Diese Monarchien haben sich doch sehr stark an die Ideologie des 19. Jahrhunderts angepasst. Sie haben ihre transzendentale Verpflichtung aufgegeben

Meinen Sie damit das „Gottesgnadentum“? Dieser Begriff wird doch so häufig missverstanden.

Das hat etwas zu tun, dass sich der König als Diener Gottes begreift. Er hat dieses Amt von Gotte erhalten und ist ihm gegenüber auch verantwortlich, was viel schwerer wiegt als jede Verantwortlichkeit auf Erden. Außerdem waren diese Dynastien auch nicht in der Schusslinie gewesen.

War es zwangsläufig, dass die drei großen Kaiserreiche, Russland, Deutschland und Österreich-Ungarn, fallen?

Das hat in jedem der drei Fälle unterschiedliche Gründe.

Aber die Russen waren das schwächste Element und sind zuerst weggefallen. Die Deutschen waren daran nicht ganz unschuldig. Das deutsche Oberkommando hatte die verrückte Idee, man müsse den „Feind“ schwächen, und sie haben gedacht, dass, wenn sie Lenin, der damals noch in der Schweiz im Exil war, nach Russland transportieren, dieser dann in Russland zu einer Revolution führen wird. Und das ist dann auch geschehen. Mein Vater hat sich damals sehr gewehrt dagegen, weil er es für verabscheuungswürdig hielt, einem Volk etwas Schlechtes zu bringen. Er hat sich nicht durchsetzen können, aber immerhin hat er verboten, dass der plombierte Eisenbahnwaggon mit Lenin über österreichisches Gebiet fährt.

Haben Sie in Ihrem Leben auch Situationen gehabt, wo Sie den Tränen nahe waren?

Eigentlich selten. Aber etwas, was mich am meisten ergriffen hat, war der Besuch auf dem großen jüdischen Friedhof von Warschau. Einerseits ist er wunderschön in einem Wald gelegen. Und andererseits sehen wir dort diese großen Steine, die symbolhaft stehen für die ganzen Familien, die ausgerottet wurden. Es ist furchtbar. Oder auch in Yad Vashem bei dem Denkmal für die Kinder. Da gibt es einen großen Raum, der nur mit einer Kerze beleuchtet ist, die sich widerspiegelt. Und am Himmel dieses Raumes erscheinen viele viele tausend Sterne – jeder Stern steht für ein Kind.

Wenn Sie einem jungen Menschen Ratschläge geben wollten für sein Leben, was würden Sie dann sagen?

Erstens: fleißig zu arbeiten. Zweitens: ein Nein niemals als Antwort anzunehmen, denn man kann es immer noch anders versuchen. Und drittens: viele Sprachen lernen. Das ist ein Kapital, das man fürs Leben hat. Alles andere geht verloren. Die Sprache ist ein großer Wert, mit dem man sehr viel machen kann. Ich habe das immer wieder erlebt, ob im Parlament oder anderswo. Die Tatsache, dass ich trotz 80 Jahre Verbannung noch fließend ungarisch gesprochen habe, war einer meiner großen Erfolge in Ungarn am Anfang.

Es ist vielleicht jetzt eine Frage, die über Ihr Leben hinausgeht. Wenn es Sie einmal nicht mehr gibt – was wünschen Sie sich, wenn Sie von oben hier herunter schauen?

Mein Ziel ist es, dass sich die Völker gegenseitig wieder finden. Dass sie von diesen traditionellen Feindschaften und Rivalitäten, die es an gewissen Orten gibt, wegkommen. Das ist das Wichtigste.

Dafür haben Sie sich Ihr ganzes Leben eingesetzt und das ist eine wunderbare Botschaft.

Und es ist möglich. Wir haben doch schon so großartige Erfolge. Zwischen Deutschland und Frankreich. Es ist doch nicht so lange her, da sprach man von der deutsch-französischen Erbfeindschaft. Undenkbar heute. Auch in Nordirland kommt es nun zur Verständigung. Wir müssen das auch mit den Serben machen. Man muss einfach hoffen, dass man die Leute näher und näher zueinander bringt. Das ist eigentlich das Wichtigste.

Und gerade wir in Europa haben doch die Aufgabe, eine Kultur des Friedens zu verbreiten.

Und wir Europäer können auch eine Macht in der Welt sein, denn wir haben der Welt etwas zu geben. Wir haben Kultur und Schönheit. Die Schönheit spielt eine große Rolle. Als wir die Diskussion über den Gottesbezug in der europäischen Verfassung hatten, gab es doch den besten Vorschlag aus der polnischen Verfassung. Dort ist vom Gott der Schönheit die Rede. Religiöse Inspiration bringt Schönheit. Und das ist es doch. Wir sollten als Europäer mehr Selbstbewusstsein haben. Jedes totalitäre Regime ist doch ein Kult der Hässlichkeit. Schauen Sie sich doch die Vorstädte an, die bei den Kommunisten entstanden sind. Grau und hässlich. Auch in Amerika sind die Sky scraper kein Ausbund an Schönheit. Vielleicht war das eben für mich einer der größten Tage meines Lebens, als ich zurückgekommen bin aus Amerika. Der Clipper ist niedrig geflogen, auf die erste portugiesische Stadt zu. Es war so schön, zum ersten Mal wieder eine Stadt zu sehen, wo im Zentrum die Kathedrale gestanden ist und nicht eine Bank wie in Amerika. So ist für mich Europa. Wenn ich an Europa denke, denke ich oftmals an diese portugiesische kleine Stadt am Meer.

***

II.

Das alte und das neue Europa

Erfolg und Krise

Waren Sie immer schon Europäer?

Ich bin es geworden – im amerikanischen Exil habe ich Europa lieben gelernt. Auf einer meiner Vortragsreisen durch Amerika bin ich eines Tages aus dem Flugzeug gestiegen und von den wartenden Journalisten gefragt worden, was ich sei und wo ich herkäme. Und habe ihnen spontan geantwortet: „Ich bin Europäer und komme aus Europa!"

Richard Graf Coudenhove-Kalergi war der Gründer der Paneuropa-Union, deren Internationaler Präsident Sie von dessen Tod im Jahre 1973 bis 2004 waren.

Coudenhove war eine großartige Persönlichkeit. Er hatte etwas Prophetisches an sich und war ein großer europäischer Patriot. Mit der Gründung der Paneuropa-Union im Jahr 1922 hat er großartiges geleistet. Ich habe ihn zwar schon vor dem Krieg noch in Europa kennengelernt, aber erst in den USA konnten wir uns dann stärker austauschen. Nach dem Krieg haben wir dann die Arbeit gemeinsam fortgesetzt. Und die Paneuropa-Union hatte sich immer klar dafür eingesetzt, dass Europa nicht an der Jalta-Linie enden sollte.

War es damals denkbar, dass wir heute so weit sind?

Zunächst haben nur wenige daran geglaubt. Aber es ist

doch grandios, wie weit wir gekommen sind. Die Grenzen sind weg. Und ein jeder bewahrt seine Kultur.

Sie haben Ihr politisches Engagement seit dem Ende des Zweiten Weltkriegs in den Dienst Europas gestellt. Sie werden als der Europäer schlechthin bezeichnet. Manche sprechen von Ihnen als „Mr. Europa". Sie haben den Untergang unseres Kontinents miterlebt und seine Auferstehung. Wie beurteilen Sie die Situation heute? Vor wenigen Wochen wurde der Unterzeichnung der Römischen Verträge vor 50 Jahren gedacht. Aber es scheint, dass die Europäische Union heute in einer tiefen Krise steckt, es wird gestritten um die Verfassung, um die Aufnahme der Türkei, in Brüssel erscheint dem Bürger wie ein riesiger Bürokratenmoloch.

Eigentlich kommt dies dadurch, dass die Erfüllung jeder großen Aufgabe eine lange Zeit braucht. Man ist manchmal allzu ungeduldig mit der Entwicklung, wobei das auch kein Fehler ist, denn die Weltpolitik zwingt uns dazu. Aber, wenn wir zurückschauen, dann haben wir doch bereits sehr viel erreicht. Kaum einer hätte vor 50 Jahren gedacht, dass wir heute so weit sein werden. Da hat es noch den Eisernen Vorhang gegeben, der so undurchlässig schien. Viele haben gedacht, das wird auf Ewigkeit sein, obwohl es aber auch gerade jene Zeit war, in der das kommunistische Regime einen Bruch erlebt hat.

Inwiefern?

Da hat es die großen Volksaufstände gegeben, in 1953 in der DDR und vor allem 1956 in Ungarn. Das hat doch dem Regime gezeigt, dass es doch nicht das Ende der Geschichte ist, wie die Kommunisten meinten. Da fing es für mich eigentlich an. Ich wusste, dass diese Systeme irgendwann zusammenfallen werden, weil es doch gegen den Menschen, gegen die menschliche Natur ist. Diktaturen und Terrorregime sind immer endlich. Gott sei Dank!

Im Westen sind damals, während der Zeit der Unterzeichnung der Römischen Verträge die Menschen zusam-

mengelaufen und haben Grenzpfähle niedergerissen. Da hatten viele eine große Vision von Europa. Heute beobachte ich Politiker, die den Menschen Europas nicht mehr erklären können, die ihnen keine Vision mehr mitgeben können, man redet von Richtlinien und Direktiven, wo es keiner mehr versteht. Ganz im Gegensatz zu Ihnen. Ich beobachte das bei vielen Ihrer Reden, da gehen viele Leute, die vorher als Skeptiker gekommen sind, als überzeugte Europäer wieder heraus. Sie haben eine Vision von Europa. Warum ist diese vielen anderen abhanden gekommen?

Weil es ihnen zu gut gegangen ist. Wir haben alle diese Vision Europa sehr stark gewonnen, auch ich selbst, aus der erlebten Realität von Hitler und Stalin, zwei Menschen, die total zerstörend waren. Hitler durch seinen imperialistischen Rassismus. Stalin, weil er selbst ein asiatischer Diktator war, der ein menschenverachtendes, mörderisches Regime aufgestellt hatte. Diese beiden Diktaturen und der Krieg waren sehr prägend, sodass viele Menschen damals die europäische Einigung gewollt hatten.

Also hat Europa sich aus der Bedrohung heraus zusammengefunden?

Ja, natürlich. Das ist in der Regel eine gute Lektion. Heute ist es ähnlich, es scheint kein Bedrohung mehr zu bestehen. Dann schwindet die Vision für unser geeintes Europa. Je weiter man nach Osten geht, umso mehr wird man wieder eine europäische Vision finden. Beispielsweise in Moldawien, da ist das etwas ganz anderes. Da findet man noch Bedrohung. Oder in Georgien. Präsident Sakashvili ist Europäer, weil er dort das Gefühl von Sicherheit sucht, anders als bei uns.

Dennoch – Ist es nicht manchmal enttäuschend zu sehen, wie im Westen Europas aus der großen Vision ein kleingeistiges technokratisches Unterfangen gemacht wurde? Ein gewisser etatistischer Geist macht sich breit, jenseits des Europas der Freiheit, wie es einstmals gedacht wurde. Die EU scheint die Bürger zu gängeln mit einer Regelungs-

wut, die durch die Medien sprichwörtlich würde. Absurde Beispiele gibt es genug – z.B., dass es mittlerweile aus Hygienegründen verboten ist, offene Zuckerdosen auf den Tresen einer Kaffeebar stehen zu haben. Macht sich damit die EU nicht lächerlich?

In gewisser Weise ja. Wir können das aber nicht Europa an sich anlasten, sondern dem Zentralismus, der zwangsläufig durch unsere Bürokratie gebracht wurde. Natürlich würden sich die Menschen mehr erwarten von der Europäischen Union als solche Dinge. Ich stelle das immer wieder fest, wenn ich mit den Menschen rede, ich komme ja viel herum. Was sich die Menschen erwarten ist eine echte Politik, nicht so etwas wie mit den Zuckerdosen. Und dann muss man sich nicht wundern, wenn geschimpft wird. Es stellt sich die Frage, wie wir unsere Demokratien mit erfolgreicher Außenpolitik zusammenbringen können? Wir sind oft außenpolitikunfähig geworden. Es scheint ohnehin manchmal, dass sich die Politik um die Nebensächlichkeiten kümmert, anstatt um die wichtigen Dinge.

Verfassung ohne Gott?

In der Tat hat man manchmal den Eindruck, es geht wenig voran. So wichtig der Klimaschutz auch ist, über den jetzt viel gesprochen wird, aber gibt es nicht mindestens ebenso wichtige Themen? Um bei der EU zu bleiben, was ist mit der Verfassung? Warum ist sie gescheitert? Viele Politiker versuchen noch, den todkranken Patienten Verfassung am Leben zu erhalten, was aber schwierig erscheint.

Der Fehler ist, dass der Text zu lang und unverständlich für die Bevölkerung ist. Wer hat schon die Verfassung gelesen? Fast Niemand! Sie ist in großen Teilen ein unverständliches Bürokratengewäsch der eigenen Schlagworte. Nach meinem Dafürhalten gehört dieses Papier weg. Allein die Entstehung der Verfassung ist merkwürdig: man kann nicht mit einer

Kommission von 106 Leuten, die mehrheitlich pensionierte Politiker waren, einen tragfähigen Text machen. Man hat sich offensichtlich übernommen. Einerseits hat man wichtige Grundsätze der Europäischen Union hineinschreiben wollen, man hat das Parlament stärken wollen, die Verträge zusammenfassen und damit vereinfachen wollen, andererseits ist es absurd, glauben zu wollen, dass sich die Menschen mit einer Verfassung, die ein 10 Zentimeter dickes Buch ist, identifizieren können. Denken Sie doch ganz einfach auch an die Zehn Gebote, die uns der liebe Gott gegeben hat. Das sind zehn ganz einfache Sätze, und doch bestimmen sie das menschliche zivilisierte Zusammenleben.

Ist die Verfassung überflüssig?

In dieser Form sicher. Man sollte zurückgehen zu den ursprünglichen Prinzipien, die in den Römischen Verträgen uns die Grundlage der Wirtschaft gegeben haben, d.h. die soziale Marktwirtschaft und dann, was ganz wichtig ist, das Subsidiaritätsprinzip. Diese können die Grundlage der Verfassung sein. Man muss also zu einem klaren Konzept zurückkehren. Eine Verfassung muss aus Grundprinzipien bestehen, die man sehr kurz und sehr klar formulieren kann. Der Ausbau dieser Grundprinzipien muss dann erfahrungsgemäß über die Rechtsprechung gehen. Wir haben doch das Glück, dass der Europäische Gerichtshof im Allgemeinen sehr gut funktioniert. Aber wir schieben diese Institution manchmal zu sehr an die Seite. Dabei müssten wir alles tun um sie zu stärken. In gewisser Weise zeigen uns die Angelsachsen, wie so etwas funktionieren kann, d.h. wie gerichtliche Entscheidungen eine Verfassung interpretieren. Wir haben auch das Europäische Parlament, das gut funktioniert. Und wenn man über ein Demokratiedefizit in der EU jammert, dann ist das oft Demagogie der nationalen Regierungen. Wenn wir eine wirklich gute Verfassung haben wollen, die auch von den Menschen angenommen wird, dann müssen wir uns auf wenige Prinzipien beschränken. Die Festlegung der sozialen Marktwirtschaft in den römischen Verträgen, festgelegt von Adenauer und Schumann, hat nur drei Zeilen gebraucht. Und das Subsidiaritätsprinzip braucht auch nur wenige Zeilen. Das reicht völlig als Zusammenfassung. Wir haben noch zwei oder drei weitere Prinzipien, die in einer Verfassung stehen müssten; wie die Dezentralisierung, aber diese ist eigentlich durch das Subsidiaritätsprinzip gesichert; wichtig ist die Sicherheitspolitik, die heute fehlt, obwohl sie lebensnotwendig ist. Diese gehört in die Verfassung. Wenn wir das alles berücksichtigen, hätten wir eine lebensfähige Konstruktion. Damit können wir viel neues schaffen und auch Europa einen neuen Geist, eine neue Dynamik geben.

Die Verfassung ist gescheitert an den beiden Volksabstimmungen, den Referenden in Frankreich und in Holland. Die Parlamente in etlichen anderen EU-Mitgliedsstaaten haben den Vertrag schon längst ratifiziert.

Ja, aber das war eigentlich richtig.

Ging es denn bei diesen Referenden nur über die Verfassung oder waren es vielmehr Abstimmungen über die jeweilige nationale Politik?

In Frankreich war sie ein Misstrauensantrag auch gegen die Regierung, gegen Präsident Chirac. Unsinn war auch, jedem Franzosen ein kiloschweres Papier in den Briefkasten zu werfen und dann zu erwarten, dass er sich damit auseinandersetzt. Da muss ja jeder Mensch erschrecken. Und das wird auch immer wieder so gehen. Aber unsere Bürokraten verstehen das nicht, leider. Wenn man sich wirklich an grundlegende Prinzipien gehalten hätte, dann wäre das nicht passiert. Außerdem hat Präsident Chirac sicherlich einen Fehler gemacht, indem er sich selbst zu stark an den Ausgang der Abstimmung gebunden hat.

Die amerikanische Verfassung ist zwei bis drei Seiten lang. Eng gedruckt bekommt man sie auf eine DIN A4 Seite vorn und hinten. Eine der Intensionen bei der Europäischen Verfassung war, den europäischen Bürgern damit zu einer stärkeren europäischen Identität zu verhelfen. Nun

In den USA bildet die kaiserliche Familie ein starkes Team für Österreich.

Zahlreiche Vortragsreisen kreuz und quer durch die USA bestimmen Ottos Terminplan.

Als politischer Journalist und Schriftsteller macht Otto von Habsburg sich einen exzellenten Ruf.

1951 begegnet Otto von Habsburg
Prinzessin Regina von Sachsen-Meiningen – eine ideale Verbindung.

Glanzvolle Hochzeit am 10. Mai 1951 in Nancy.

Das offizielle Hochzeitsbild.

Otto von Habsburg mit Richard Graf Coudenhove-Kalergi, dem großen Visionär Europas und Gründer der Paneuropa-Union.

Wieder Kontakte mit Österreich: Otto von Habsburg mit dem österreichischen Bundeskanzler Leopold Figl.

Otto von Habsburg als gefragter Interviewpartner.

Muße in Pöcking – nur für den Fotografen.

Im Jahr 1988 betritt Otto von Habsburg zum ersten Mal seit 1918 wieder ungarischen Boden. In Budapest besucht er zunächst die heilige Stephanskrone, die der eigentliche Träger der nationalen Souveränität ist.

Im Europaparlament findet Otto von Habsburg die ideale Plattform für seine Arbeit für Europa. Nach dem Beitritt Österreichs zur Europäischen Union ist auch sein ältester Sohn Karl Mitglied der europäischen Volksvertretung.

*Immer für den Dialog mit den anderen Religionen:
Otto von Habsburg mit dem Großmufti von Sarajewo
Dr. Mustafa Ceric.*

*Die Habsburger haben eine traditionell gute Verbindung
zu den Juden. Hier bei einem Besuch in einer Synagoge.*

ist das Projekt gescheitert. Kann sich überhaupt eine Identität an einer Verfassung festmachen?

Nein, sicherlich nicht. Identität muss in das Bewusstsein der Menschen gehen, aber es ist ein wichtiges Instrument, um dieses Bewusstsein hervorzurufen. Wir dürfen aber den Gedanken einer europäischen Verfassung nicht aufgeben. Aber es wäre naiv zu glauben, dass die europäische Verfassung identitätsstiftend wäre. Sie würde helfen, aber nicht die Hauptsache sein. Je kürzer und prägnanter sie wäre, desto mehr würde sie helfen.

Was ist mit dem Gottesbezug?

Für den habe ich mich sehr eingesetzt. Seit eh und je ist der Gottesbezug in jedem wichtigen Dokument gewesen. Daher ist das nicht hier irgendwie eine Frage, die man auf einmal aufwirft, sondern die war immer da. Es gibt Leute, die sagen wir sollten den Kontinent nicht „verchristlichen" Aber das stimmt nicht. Wir sind ein christlicher Kontinent. All unsere Wurzeln stammen daher. Selbst die der Aufklärung. Aber der Gottesbezug muss auf eine größere Mehrheit, als die der Christen, aufgebaut sein. Wir müssen auch etwas schreiben für die Juden. Wir haben viele Muslime, vor allem angestammte Muslime in Europa. Schauen Sie nur auf Bosnien-Herzegowina oder Albanien. Das ist ein angestammter, alter europäischer Islam. Dazu haben wir natürlich auch die vielen eingewanderten Muslime. Wenn wir nur bei einer diffusen Redewendung bleiben, die sehr ungenau die christlich-jüdischen Wurzeln Europas benennt, dann haben wir zu kurz gegriffen. Gott ist für alle da! Für die Christen, die Juden und die Moslems! Das ist ein Prinzip, das das Fundament der Menschenrechte ist. Die vielzitierten Menschenrechte haben kein Fundament, wenn sie sich nicht auf Gott berufen. Nur Gott gibt dem Menschen seine Würde. Man kann eigentlich nicht von Menschenrechten sprechen, wenn man diese Menschenrechte sich ständig ändernden Begriffen aussetzt. Es muss also etwas geben, das dauerhaft ist, und da ist der Gottesbegriff die richtige Antwort. Selbst die Nichtgläubigen können damit leben, denn die Benennung Gottes garantiert auch ihnen die Menschenrechte. Wir haben oft genug im letzten Jahrhundert erlebt, was es bedeutet, wenn Staaten sich von Gott abwenden.

Wenn Sie das erzählen, erinnert mich das stark an Ihre Erfahrungen bei der Gründung der Vereinten Nationen ...

... Ja, das war auch die gleiche Debatte. Ich war damals, während des Zweiten Weltkrieges, in Washington, als die ersten Debatten über das Problem anfingen. Damals hatten sich in einem Konferenzgebäude der USA, in Dumbarton Oaks, für die USA Alger Hiss, der später als sowjetischer Spion entlarvt wurde, für England Anthony Eden und für die Sowjetunion Maxim Litvinow zusammengesetzt und die Gründungsurkunde der UN ausgearbeitet. Litwinov hatte von Stalin den Auftrag, man dürfe in der Präambel auf keinen Fall Gott nennen, sondern müsste den Menschen an seine Stelle setzen. Als dann die Gründungsversammlung 1946 in San Francisco kam, stimmten elf Staaten gegen die Nichterwähnung Gottes in dem Dokument. Das waren 5 südamerikanische und sechs muslimische Länder. Kein Europäer war dabei.

Das heißt, in der Verfassung müssen wir weg von der schwammigen Formulierung über das christlich-jüdische Erbe und hin zur Benennung Gottes.

Absolut ja. Gott kann die Struktur sozusagen von unten unterstützen, „Er" ist das Fundament.

Wir haben eben darüber gesprochen, dass man die europäische Identität nicht an einer Verfassung festmachen kann, obwohl die Verfassung wichtig ist. Aber was bestimmt unsere Identität, was ist eigentlich das europäische Bewusstsein?

Man darf die Kultur hier nicht vergessen. Ganz Europa wird getragen durch eine Kultur. Wir haben ein Fundament und natürlich auch die Verschiedenheiten, die unterschiedlichen Ausprägungen. Und das bewegt schon sehr die Menschen, ich erlebe das immer wieder in den vielen Veranstaltungen, die ich mache. Wir haben so viel gemein in unserer europäischen Kultur. Und die ist doch bestimmender, als mancher denkt. Es gibt so etwas, wie ein Kulturfundament, mit allen Unterschieden. Und letzten Endes ist unsere gemeinsame Kultur doch viel bindender als alles andere.

Gegenwärtig steckt Europa in einer Krise. Man muss da gar nicht pessimistisch sein, denn Europa ist immer wieder aus Krisen gewachsen. Es können auch große Chancen sein. Vor wenigen Jahren haben wir diese großartige Osterweiterung gehabt, mit Beginn diesen Jahres sind Bulgarien und Rumänien beigetreten. Großartige Erfolge – Dennoch, die Euphorie des Jahres 1989 scheint verflogen. Diese Erfolge werden kaum mehr zur Kenntnis genommen. Die Wiedervereinigung Europas scheint nicht mehr in den Herzen der Menschen stattzufinden, zumindest im Westen nicht. Die Euphorie scheint verpufft.

Ich glaube, dass es anders ist. Die Tatsachen werden einfach angenommen. Man sollte nur probieren, den Europäern irgend etwas von dem, was wir erreicht haben innerhalb Europas, wegzunehmen, da würde es sofort einen Aufstand geben. Vieles ist einfach selbstverständlich geworden. Gott sei Dank!

Sehen Sie dennoch einen Unterschied in der Wahrnehmung in Mittel- und Osteuropa und in Westeuropa?

Ich reise sehr viel herum. Ich merke, und das macht mich besonders glücklich, dass auch schon in Mitteleuropa vieles von der Europäischen Union eine tägliche Selbstverständlichkeit geworden ist. Schauen Sie, ich komme aus einer ganz anderen Perspektive. Ich sehe, dass es für die jüngeren längst etwas anderes ist als für mich. Ich habe noch die Grenzen erlebt, ich habe noch die Stacheldrähte erlitten, die Reisebeschränkungen, die Okkupation, die Kolonisierung eines Teiles Europas durch die Russen. Diese Erlebnisse haben die jüngeren nicht mehr, während sie bei älteren noch immer Emotionen erwecken. Starke Reaktionen sind bei letzten nur zu erwarten, wenn man ihnen das wegnehmen würde, was sie als Besitzstand betrachten, also wenn man wieder Grenzen schaffen oder wieder Stacheldrähte installieren würde. Da wäre man erstaunt, wie schnell auf einmal der europäische Geist wieder da wäre.

Die andere Aufgabe der Türkei

Neben der Debatte um die Verfassung gibt es noch ein anderes Problem, das die Europäer umtreibt: die Verhandlungen mit der Türkei um einen Beitritt. Offensichtlich will die Mehrheit der Bevölkerung eine Mitgliedschaft der Türkei nicht, wenn auch aus unterschiedlichen Gründen. Auf der anderen Seite wird ein Beitritt stark forciert – warum?

Aus taktischen und auch aus wirtschaftlichen Gründen. Die Wahrheit ist, dass wir mit der Türkei sehr gut auskommen können, ohne dass sie Mitglied der Europäischen Union ist. Da ist die Formel von Bundeskanzlerin Angela Merkel ausgezeichnet, nämlich die einer „privilegierten Partnerschaft". Eine solche Beziehung müssen wir mit der Türkei pflegen, denn das brauchen sie und wir, allein schon wegen der Aufgaben im Mashrek, also dem Nahen und Mittleren Osten. An sich ist es schwer vorstellbar, dass die Türkei ein Mitglied der EU sei wie beispielsweise Belgien oder Portugal. Sie hat eine große und eigenständige Aufgabe. Hier ein Beispiel: Es gibt den Begriff Österreich – der einerseits das kleine Land von heute abdeckt, andererseits aber auch weit mehr bedeutet. Wenn Sie in Sarajevo sind, dann ist es immer noch Österreich. Und auch, wenn Sie den Kosovo besuchen, ist Österreich. Das Österreich der Geschichte strahlt weiterhin aus und hat in der Region einen einmaligen Ruf, es ist dort noch lebendig. Kürzlich wurde im Kosovo in der Stadt Decane der Hauptplatz nach den Habsburgern benannt. Und zwar nicht aus reiner Nostalgie, sondern wegen dem, was Österreich noch heute für die Region und ihre Bevölkerung bedeutet. Genauso verhält es sich mit der Türkei im Mashrek. Ich erinnere mich an meine Reisen in den Irak, noch vor dem Regime von Saddam Hussein, da habe ich viele Konversationen geführt und festgestellt, dass man dort doch sehr stark nach Ankara und Istanbul gravitiert. Die Türkei hat eine mächtige, an Österreich erinnernde Ausstrahlung in diesen Raum. Das gilt auch für Afghanistan – in der Zeit, in der die Türken dort das Oberkommando hatten, war es relativ ruhig. Für den Irak würde das gleiche gelten. Am Tag der Invasion der Amerikaner in den Irak hat Präsident Bush gesagt, dass die Türkei damit nichts zu tun habe und man sie dort nicht brauchen könne. Da war mir klar, damit hat Präsident Bush den Krieg verloren. Das hat sich schrecklich bewahrheitet. Die Türkei könnte die integrierende Kraft des Islams sein.

Jüngst habe ich die Erinnerungen von Pervez Musharaf, den Präsidenten von Pakistan gelesen, einem modernen Menschen, der viel für sein Land getan hat. Musharaf ist noch immer fasziniert durch das Bild der Türkei, durch die geistige Funktion der Türkei, durch die kulturelle Zusammengehörigkeit. Kultur ist auch etwas, was man vielfach gar nicht greifen kann, was in der Atmosphäre liegt. Da ist dieses Buch von Musharaf aufschlussreich, weil es zeigt, dass dieser fähige Mann aus dieser Atmosphäre kommt. Also, die Türkei hat einen anderen Raum vor sich als Europa.

Die Türken wollen aber auf Biegen und Brechen in die EU. Heißt das, dass sie ihre eigene Vision, ihre eigene Aufgabe verloren haben?

Ich glaube nicht, dass sie sie verloren haben, sie ist im Moment eher etwas verdunkelt durch die Verkehrung der Bedeutung des islamischen Raumes nicht zuletzt in Europa.

Sie meinen also, die Türken wollen aus rein wirtschaftlichen Gründen in die EU?

Weil sie das brauchen. Das türkische Reich war wirtschaftlich sehr gesund, ebenso wie Österreich-Ungarn im ganzen Osten Europas. Aber das Osmanische Großreich wurde zerschlagen und damit auch die gewachsene, kräftige Wirtschaft zerstört. Wir haben jetzt in Europa, Gott sei Dank, den gemeinsamen Markt, die EU und sind so über das politische Unheil hinweggekommen. In diesem Lichte ist es klar, dass die Türkei das Bedürfnis hat, sich mit Europa zu verbinden. Aber durch die Zerschlagung des Großreiches wurde ein viel größerer Trümmerhaufen hinterlassen, als wir ihn jemals hatten. Das ist vor allem die Schuld von Lawrence of Arabia, der wie Präsident Wilson in Europa die Zerstörung der Natürlichen Einheiten auch in diesem Raum mit zu verantworten hat.

Wäre es denn wirklich so dramatisch, wenn die Türkei nach Europa käme, der EU beitreten würde?

Wir würden dann der anderen Seite, dem Mashrek das Zentrum nehmen. Und wenn wir an die Partnerschaft mit diesem anderen Teil, dem Mashrek festhalten müssen, wenn wir einen Weltfrieden haben wollen, dann müssen wir das Interesse haben, die Türkei als den integrierenden Mittelpunkt zu erhalten. Das ginge nicht, wenn die Türkei Mitglied in der EU wäre.

Was würden Sie nun der Türkei raten?

Ich würde der Türkei raten – und das werden die Türken nicht gerne hören –, die alten Wege des osmanischen Großreiches zu gehen und darauf zu setzen. Das heißt, erst die kulturellen Verbindungen zu stärken. Das Buch von Pervez Musharaf zeigt uns die große Rolle, die diese kulturellen Verbindungen spielen.

Mit der Debatte um den Beitritt der Türkei wirft eigentlich die nächste Frage auf, der nämlich, die nach der Vision Europas, die wir zu verlieren drohen.

Ja, da laufen wir Gefahr. Coudenhove-Kalergi hatte noch eine sehr genaue Vision von Europa, die heute viele nicht mehr haben. Aber er hatte sie auch deshalb, weil er ein halber Japaner war und somit den Blick von außen gehabt hat.

Europa ist die Kultur der Schönheit

Europa wird auch ausgemacht durch die Kultur. Sie hatten mir einmal einen netten Vergleich geschildert, anhand von Wein, Bier und Schnaps,der wahrscheinlich von Adenauer stammt.

Es klingt vielleicht kurios, aber betrachten wir die Gegenden, in denen Wein gemacht wird, dort ist in der Regel die Kultur am höchsten. Dann kommen die Regionen des Bieres, und dann die, in denen Schnaps gebrannt wird ... Die Weindörfer sind das schönste! Das Herz der Kultur ist die Schönheit. Kultur ist Suche nach Schönheit. Weinorte sind Kultur, ob im Burgund, im Rheinland, in Kroatien oder in Ungarn.

In Europa blicken wir auf große Traditionen und Persönlichkeiten zurück, die uns heute mehr prägen, als man es sich manchmal vorstellt. Karl der Große wird von den Deutschen gleichermaßen beansprucht wie von den Franzosen als Charlemagne. Im vergangenen Jahr ist es 200 Jahre her, dass das Heilige Römische Reich Deutscher Nation unter dem Druck der Napoleonischen Kriege nach fast 1000 Jahren seine Mission beendet hat. Die Geschichte Ihrer Familie ist engstens mit dem Heiligen Römischen Reich verbunden. Was tragen Sie davon heute noch mit?

Sehr, sehr viel. Dieses Reich ist einer jener Begriffe, der der Anfang von Europa war. Wir heißen heute Europäische Union, aber dahinter steht das Reich. Das Reich war das gemeinsame Symbol, gemeinsame Einstellung, die gemeinsame Sache, die alle Leute irgendwie angezogen hat. Daraus können wir nur lernen. Das Reich hatte eine verständliche Verfassung und war dezentralisiert organisiert. Und auch bei uns ist eine Dezentralisierung notwendig. Denn ein Baum kann nicht nur aus Kronen bestehen, er braucht auch Wurzeln. Der Gedanke der Realität der Wurzeln ist etwas, was bei den modernen Staats- und Industrieorganisationen immer mehr verschwindet. Aber die Wurzeln müssen erkennbar sein.

Das wäre eine gesunde Basis und auch von Dauer.

Es gibt ein klares Prinzip der Subsidiarität, wie es im Reich verwirklicht war. Wir haben es zwar auch bei uns in den Verträgen stehen, aber nicht erfüllt. Das Prinzip der Subsidiarität bedeutet, dass die größere Einheit niemals etwas übernehmen darf, was von der kleineren Einheit zufriedenstellend erledigt werden kann. Das würde auf jeden Fall zur Dezentralisierung beitragen. Dezentralisierte Systeme haben auf jeden Fall eine längere Dauer, aber auch eine stärkere kulturelle Entwicklung. Der Riesenvorteil von Deutschland ist, dass es so viele kleine Hauptstädte hat und hatte. Und ob die Hauptstadt nun Meiningen heißt oder Weimar oder wie immer, bis heute sind es Hauptstädte. In Frankreich gibt es das nicht, es war immer ein zentralistischer Staat womit die Franzosen heute große Schwierigkeiten haben. Daher werden auch in Frankreich die Regionen heute immer stärker.

Das Heilige Römische Reich, das Wort „heilig" sagt es, verstand sich auch als christliches Reich. Europa ist ein christlicher Kontinent, ob es will oder nicht. Das Christentum hat diesen Kontinent zu dem gemacht, der er heute ist, seine Rolle ist konstitutiv.

Die Religion ist das Fundament der Kultur. Das gilt überall. Kult und Kultus bestimmen die Kultur, ob es eine islamische Kultur gibt, eine buddhistische, eine christliche und so weiter. Man sieht wie die Religion die Kultur bildet, und das ist ein entscheidender Faktor des Lebens. Das Menschenleben ist relativ kurz. Die Ewigkeit ist lang. Daher hat auch im Unterbewusstsein der Menschen das, was nach dem Leben kommt, große Bedeutung. Daher spiegelt sich in der Kulturentstehung auch die Erkenntnis des Todes bzw. Dauerhaftigkeit des jenseitigen Lebens wieder. Die Religion ist eigentlich das Dauerhafteste, was es gibt. Jeder Mensch legt sich doch irgendeinmal Rechenschaft ab, angesichts der Größe der Ewigkeit, die wir zwar nicht kennen können, aber doch erahnen.

Wenn wir in Europa immer weniger auf das Christentum schauen, das Christentum verdunstet, verlieren wir dann nicht unsere Ziele?

Das tun wir bestimmt. Aber ich glaube noch nicht, dass dieses Christentum verdunstet. Wenn ich von hier aus in den Osten gehe, ist das nicht der Fall. Zum Beispiel sind Polen und Kroatien tief gläubige Länder. In einigen westlichen Gegenden ist durch den einmaligen Wohlstand, der sich entwickelt hat, es stark zu der Diesseitigkeit des Denkens gekommen. Das führte zum Verlust der Religion, die eine kulturbildende Kraft ist. Das verlieren wir. Viele Menschen sind Materialisten geworden, das entspricht aber nicht dem menschlichen Charakter. Aber wir sehen, dass die Religion wieder auflebt, und damit kommt der Mensch wieder zu seiner wahren Bestimmung.

Unsere atlantischen Nachbarn

Amerika ist eigentlich aus Europa heraus entstanden und doch sind die Amerikaner, speziell die Nordamerikaner ganz anders als wir Europäer. Was macht den Unterschied aus?

Da gibt es wesentliche Faktoren. Man darf nie vergessen, dass die Amerikaner, beziehungsweise die Vereinigten Staaten eigentlich durch die „pilgrim fathers" geistig entstanden sind. Sie sind das alttestamentarische Element des christlichen Raumes. Das Alte Testament spielt bei den Amerikanern eine gewaltige Rolle. Man sieht das auch an vielen Namen, die darauf hinweisen. Der eigentliche Beginn Amerikas kam mit der Einwanderung der Pilgerväter im späten 17. Jahrhundert. Zwar hat es eine europäische Präsenz in Amerika schon 200 Jahre früher gegeben. Dass sich in diesen 200 Jahren aber nichts entwickelt hat, lag daran, dass es keine tragenden Ideen gab. Heute ist immer noch die tragende Idee die der Pilgerväter. Daher sind die USA in vielen Dingen weiter weg von uns als die Moslems.

Ich habe das in San Francisco erlebt, wo ich – das war noch während des Krieges – in einer Neujahrsnacht zum Dinner eingeladen war. Gegen Ende hatten wir ein Gespräch darüber, was man eigentlich in dieser Nacht tun sollte, also auch, worüber man nachdenken sollte. Da hat der Hausherr, ein großer Reeder in San Francisco, gesagt, bei mir ist das überhaupt kein Problem. Am 31. Dezember schaue ich meine Bilanz an. Wenn ich in der Kasse mehr Geld habe, dann war ich ein guter Mensch; wenn ich weniger vorfinde, war ich schlecht gewesen. Damit habe ich ein ständiges Maß, ob ich gut oder schlecht bin. Das ist sehr typisch für die Mentalität der pilgrim fathers, die sehr materialistisch und diesseitig denken. Sie sind durch das Alte Testament beeinflusst, aber anders als die Juden.

Wenn das heißt, dass Amerika der alttestamentarische Kontinent ist, dann ist Europa der neutestamentarische?

Bei uns hat das Neue Testament großen Einfluss bis hin zum Staatsaufbau, aber in den Vereinigten Staaten findet man diese Uridee. Zwar gibt es viele Amerikaner, die heute anders sind, weil durch die Einwanderung und die Sklaven andere Auffassungen hereingekommen sind. Aber die Idee der Pilgerväter ist dennoch bestimmend. Sie haben mit der Bibel unter dem Arm das Schiff verlassen und eine Ideologie gebracht, die die Wende verursacht hat.

Wie macht sich das bemerkbar?

Wir sehen das zum Beispiel am Pressegesetz, in dem solche Begriffe wie Ehre, die bei uns eine große Rolle spielen, kaum vorkommen. So etwas kennen die nicht. Was zählt, ist Gewinn oder Verlust auf der materiellen Seite. Ich habe einmal einen Senator gekannt, der seinerzeit von einem Herausgeber einer Zeitung in Las Vegas als ein Homosexueller angegriffen wurde, was er aber nicht war. Da hat er geklagt, konnte aber den Prozess nicht gewinnen. Er konnte nicht nachweisen, dass er aufgrund dieser Anschuldigung einen finanziellen Verlust erlitten hatte. Der Ehrbegriff spielte keine Rolle. Erst wenn man den Beweis erbringt, ich habe Geld verloren, da funktioniert es, aber nicht, wenn man die Ehre verloren hat. Das zeigt, dass man das Geld viel höher einschätzt als die Ehre. Der Ehrbegriff ist etwas sehr europäisches. Schade nur, dass er auch bei uns vielfach verloren geht.

Wie sollten wir unser Verhältnis zu den USA gestalten.

In gewissem Sinne sind die Amerikaner unsere Partner. Wir haben ihnen auf der einen Seite viel zu verdanken, wenn man an die Unterstützung nach dem Zweiten Weltkrieg denkt. Auf der anderen Seite haben die Amerikaner aber ihr Sendungsbewusstsein für die Demokratie, was sie versuchen, überall, wo sie sind, durchzusetzen. Manches sehen wir wie sie sie verstehen realistischer. Aber wir müssen auch verstehen, dass den USA durch die Anschläge vom 11. September 2001 ein großer Schock zugefügt worden ist. Zum ersten Mal kam der Krieg zu ihnen, etwas, was ihnen vorher nie passiert ist. Dass sie dann so reagieren, ist verständlich. Eine der großen Schwächen der amerikanischen Politik ist, dass die Menschen denken, Amerika sei das Beste und die ganze Menschheit müsse bestrebt sein, so zu werden wie Amerika. Aber auch auf unserer Seite des Atlantiks wird manchmal ein Minderwertigkeitskomplex gegenüber den USA gepflegt, den wir ablegen sollten. Und wir sollten danach trachten, dass Europa einheitlich auftritt, technologisch und wissenschaftlich auf eigenen Füßen steht und auch seine Sicherheit selbst garantiert. Dann können wir den Weg zu ausgeglichenen Beziehungen zu den USA finden.

Perspektiven für den Balkan

Was haben Sie am 1. Mai 2004 empfunden, als die Erweiterung der EU Realität wurde?

Ich habe mich sehr gefreut. Es war ein guter Schritt. Gestört haben mich gewisse scheußliche Nebengeräusche der Bürokratie. Aber es war ein großer Tag. Ich war an jenem Wochenende in Slowenien gewesen, in Ungarn und in Kroatien. Das war etwas. Es gab eine großartige Atmosphäre. Die Leute sprechen heute noch von diesem großartigen Tag.

Zu Beginn dieses Jahres sind auch Rumänien und Bulgarien beigetreten. Kroatien war nicht dabei, obwohl es schon längst aufnahmefähig ist.

Das ist eine Tragödie. Einen starken Einfluss haben der Internationale Gerichtshof in Den Haag und vor allem die Chefanklägerin Carla del Ponte ausgeübt – im übrigen ohne jede berechtigte Grundlage. Das hat den Engländern in die Hände gespielt, die gegen Kroatien waren. Mir hat einmal ein Engländer gesagt, sie wollten Kroatien nicht in der EU haben, weil es dort ohnehin schon zu viele katholische Länder gebe. Eine himmelsschreiende Ungerechtigkeit und politische Unvernunft. Kroatien ist jetzt eine Art Exklave innerhalb des eigenen Gebietes geworden. Das gilt nicht nur für die Verkehrsplanung, aber nicht weniger für die ganze wirtschaftliche und soziale Entwicklung.

Was macht Kroatien falsch?

Die Kroaten machen nichts falsch, sie betreiben eine konsequente und ehrlich Politik. Ich kenne Präsident Stipe Mesic und Ministerpräsident Ivo Sanader sehr gut. Beide sind Ehrenmänner. Nur ist Kroatien in die Geiselhaft genommen worden infolge einem mittelalterlichen Fanatismus von Carla Del Ponte, einer Schweizerin, die die Region nicht kennt, und was noch viel schlimmer ist, die fundamentale Rechtsgrundsätze weder zur Kenntnis noch zur Anwendung bringt.

Die Art und Weise, wie Kroatien behandelt wurde, ist skandalös. Sie sprechen in diesem Falle die Suche nach General Ante Gotovina an, der während des Krieges bei der Befreiung von Knin eine große Rolle gespielt hat. Chefanklägerin Carla del Ponte beschuldigt ihn der Kriegsverbrechen. Als er noch nicht verhaftet war, hatte sie behauptet, er hielte sich in Kroatien auf, und die kroatische Regierung beschuldigt, man hielte ihn versteckt. Sie hat sogar die katholische Kirche beschuldigt, dass franziskanische Mönche Gotovina verbergen würden.

Und dabei war immer bekannt, dass der General einen französischen Pass hat. Er war viele Jahre in der Fremdenlegion gewesen und ist erst während des Krieges in die Heimat zurückgekehrt, um sein Land zu verteidigen. Aber mit seinem französischen Pass konnte er sich innerhalb der EU frei bewegen und er ist dann am Ende in Spanien festgenommen worden. Ich vermute, dass er seine Festnahme selbst herbeigeführt hat, weil er wieder seinem Land helfen wollte.

Der Internationale Gerichtshof spielt eine ungute Rolle bei der Aufarbeitung des Krieges um den Zerfall Jugoslawiens. Dabei ist er eigentlich geschaffen worden, um den Frieden zu unterstützen und die Völker miteinander auszusöhnen.

Und es ist genau das Gegenteil passiert.

Halten Sie grundsätzlich einen solchen Gerichtshof für notwendig?

Eigentlich nicht. Der Sinn eines Krieges, wenn es überhaupt einen Sinn gibt, ist die Aussöhnung. Der Sinn eines Gerichtes, wenn es nicht ganz klar nach gerechten Grundsätzen aufgebaut ist, ist die Rache, die dem Geist des Friedens dauerhaft widerspricht. Es geht Frau Del Ponte offensichtlich nicht um Gerechtigkeit, sondern um Rache.

Es hat angefangen nach dem Krieg in Deutschland mit den Nürnberger Prozessen.

Und das hat uns nur geschadet und zwar auf beiden Seiten gleichermaßen. Ich bin der Ansicht, dass Rache etwas ist, mit dem man sich am meisten selbst schadet. Es geht um eine angebliche Rechtsprechung im Sinne des Siegers. Allein die Tatsache, dass ein Vertreter Stalins unter den Richtern war, hat das gezeigt.

Ist der Haager Gerichtshof ein politisches Instrument geworden?

Wir haben das ganz klar gesehen bei der Behandlung von Kroatien und sehen das auch jetzt bei der Verfolgung angeblicher Kriegsverbrecher im Kosovo. Ich bin der Ansicht, dass Rache sehr unproduktiv ist. Wenn man einen Krieg führt, sollte man immer an die Aussöhnung danach denken, denn der Gegner überlebt, es sei denn man richtet ihn hin oder rottet alle aus aber dann ist der Gegner erst recht lebendig. Dieser Zusammenhang hat mich damals sehr beeindruckt, mit der Hinrichtung vom Tiso[22] in der Slowakei. Eduard Beneš[23] hat einen massiven Druck ausgeübt, dass Tiso hingerichtet werde. Am Ende ist die Tschechoslowakei zerfallen, und ich bin der Ansicht, dass dies vor allem die Folge der Hinrichtung von Tiso war. Man gibt so dem Gegner nicht mehr die Möglichkeit, zu verzeihen, sich zu verständigen. Es ist eine unfruchtbare Sache, die man treibt, die einem einen Moment der Befriedigung gibt, die aber nicht absehbare Folgen hat.

Kann man das auch sagen in Bezug auf die Hinrichtung von Saddam Hussein?

Auch das war ein schwerer Fehler. Saddam Hussein war ein Verbrecher, aber wenn man weiß, wie dieser Prozess gegen ihn geführt wurde und wie sehr doch die verschiedenen Nationalitäten da ihre Rachegefühle befriedigen konnten, kann man das als Fehler nur ablehnen. Eine dauerhafte Gefängnisstrafe hätte vollkommen ausgereicht.

---

22 Josef Tiso (1187–1947), katholischer Priester und Ministerpräsident der selbstständigen Slowakei von 1939 bis 1945. Nach dem Krieg wurde er von den Alliierten an die wieder neu gegründete Tschechoslowakei ausgeliefert und auf Druck von Eduard Beneš hingerichtet.

23 Eduard Beneš (1884–1948), Mitbegründer, Außenminister, Regierungschef und Präsident der Tschechoslowakei. Er hat unter anderem die Vertreibung der Sudetendeutschen durchgesetzt.

Ist die Todesstrafe überhaupt akzeptabel?

Ich bin dagegen. Die politischen Todesstrafen bringen rein gar nichts, weil sie den Gegner erst recht lebendig erhalten. Ein Saddam Hussein im Gefängnis ist bei weitem harmloser als ein toter Saddam Hussein. Darüber hinaus bin ich gegen die Todesstrafe, weil sie den Tod seiner Würde beraubt.

Wieder zurück auf den Balkan. Sie haben sich auch sehr gefreut über die Abstimmung zur Unabhängigkeit in Montenegro.

Montenegro ist ein sympathisches kleines Land. Das Volk hat dort eine geschichtliche Kontinuität bewiesen, die beindruckend ist. Die Unabhängigkeitsfahnen waren die Fahnen vom einstigen König Nikita gewesen, den damals die Serben und die Alliierten verraten haben. Aber die Montenegriner sind treue Leute und sie haben viel Qualität. Natürlich haben sie ihre Schwächen, aber wir haben sie auch.

Gegenwärtig laufen auf der Ebene des Sicherheitsrates der UN die Verhandlungen über die Zukunft des Kosovo. Vor wenigen Tagen haben Sie selbst einen Artikel über dieses Thema geschrieben mit dem Titel „Der Krieg kommt wieder", referierend auf eine Schrift des französischen Diplomaten Pozzi aus den 20er-Jahren. Man scheint heute wieder die gleichen Fehler zu machen wie unmittelbar nach dem Ersten Weltkrieg.

Es ist erschreckend. Dieses Buch haben wahrscheinlich nur wenige gelesen. Es schildert die Entstehung Jugoslawiens eben aus der Sicht jenes Diplomaten, der von den Alliierten mit der Schaffung des neues Staates beauftragt worden ist. Pozzi war noch jung im französischen diplomatischen Dienst und hatte kaum Kenntnis von der Region und ihrer Geschichte, also hat er das gemacht, was ihm von seinen Vorgesetzten vorgeschlagen worden ist. Erst später ist er zu der Erkenntnis gekommen, dass dieses Kunstgebilde Jugoslawien nicht überlebensfähig ist und den wahren Bedürfnissen der Völker und Nationalitäten nicht Rechnung trägt. Das ganze konnte nur mit großem Druck, den die Serben ausgeübt haben, zusammengehalten werden. Heute macht man die gleichen Fehler wie damals. Wenn der Kosovo nicht bald seine Unabhängigkeit bekommt, dann wird es wieder auf einen Krieg hinauslaufen. Auch in Bosnien ist die Situation immer noch gespannt, aber es gibt dort gute Anzeichen. Wir müssen einfach den Völkern ihr Recht auf Selbstbestimmung sichern. Die Art und Weise, wie der Kosovo hingehalten wird, ist skandalös. Mit einer großzügigen Minderheitenregelung könnten die Serben im Kosovo gut leben, aber das wird von Belgrad mit Hilfe Russlands verhindert.

Die Schlacht auf dem Amselfeld, dem Kosovo Polje, in 1389 stellt für die Serben einen nationalen Mythos dar. Die Rede von Milosevic im Jahr 1989 auf dem Amselfeld wird als Vorausschau der blutigen Kriege in den Folgejahren gesehen. Wie können die Serben von diesem nationalen Mythos herunterkommen?

Dieser Mythos ist eigentlich erst mit Ende des 19. Jahrhunderts entstanden. Dieses Ereignis war, man muss es erkennen, Folge eines schweren Fehlers von Österreich-Ungarn. Bis dahin gab es zwei Dynastien in Serbien, die unterschiedliche Orientierungen vertraten. Die legitime Dynastie war das Haus Obrenovic, das für Verhandlungen mit Österreich-Ungarn eingestellt war, ja sogar plante, zwischen Serbien und der Donaumonarchie eine organische Verbindung zu schaffen, die wohl die serbische Unabhängigkeit weitgehend bewahrt hätte, dem Lande aber die Verbindung in wirtschaftlichen und politischen Fragen alle Vorteile der anderen Mitgliedstaaten der Donaugemeinschaft gleichberechtigt gesichert hätte. Die Karageorgevic-Familie auf der anderen Seite war stets auf der russischen Seite und hatte keine donauländische Gemeinschaft im Auge, außer territorialen Erweiterungen von Serbien. Zu Beginn war die Obrenovic-Familie an der Spitze und hatte die Verhandlungen mit Wien und Budapest eingeleitet. Damals hatte gleichzeitig das ungarische Parlament beschlossen, scharfe Zollmaßnahmen gegen serbische Agrarexporte, aber angeblich günstige für die ungarische Landwirtschaft, einzuführen. Leider war es unter der Verfassung nicht möglich, die Durchführung dieses Gesetzes zu verhindern, wodurch der sogenannte Schweinekrieg als Zollkrieg zwischen Österreich-Ungarn und Serbien ausbrach. Die Folge war katastrophal für die serbische Landwirtschaft und gab der Anhängerschaft von Karageorgevic und der Russen den Anlass für eine Revolution, die zu der Ermordung fast der ganzen Familie Obrenovic führte. Damit fiel Serbien an das russische Lager, und es entstanden jene terroristischen Organisationen, die zu dem Drama von Sarajevo führten.

Man sollte diese Lehre aus der Geschichte nicht vergessen, denn in der Europäischen Union haben wir immer wieder solche Agrardiskussionen, bei denen man aber mehr als bisher sich um die politischen Folgen agrarpolitischer Beschlüsse befassen sollte.

Die Serben sind natürlich Europäer und werden irgendwann integriert werden müssen. Was müssen sie bis dahin tun?

Für die Serben wäre es notwendig, zu erkennen, dass die Frage des Kosovo mehr als ein serbisches Interesse ein großes Interesse Europas ist. Wir haben nun einmal demokratische Prinzipien, was offensichtlich, verfolgt man die Diskussionen in Belgrad, nicht bei den Serben gilt. Wollen die Serben wirklich in die europäische Union gelangen, müssen sie erkennen, dass sie die demokratischen Prinzipien genauso wie anderswo in ihrem Gebiet erfüllen müssen. Für die westlichen Staaten aber, speziell für die Europäische Union wäre eine opportunistische Lösung für den Kosovo eine richtige Katastrophe. Es würde im Balkan die Spannungen erhalten, ja verschärfen, denn die Serben sind offenbar nicht bereit, ihren imperialistischen Traum im Kosovo im Sinne der demokratischen Prinzipien der Union anzuerkennen. Gibt aber hier die Union nach, würde sie ihre Glaubwürdigkeit verlieren und damit die Gefahr eines neuen Balkankrieges nicht bannen. Der Glaube, man können aus opportunistischen Überlegungen die Interessen der Kleinen opfern, hat sich, das zeigt die Geschichte, immer wieder als ein historischer Fehler erwiesen.

Wie lässt sich das auflösen?

Wir selbst müssen die Prinzipien beachten, die wir aufstellen, wie das Selbstbestimmungsrecht, Demokratie und Minderheitenrechte. Man kann durch eine vernünftige Politik das noch unter Kontrolle bringen, aber leider sind es zu wenige, die bereit sind, das zu machen. Kürzlich erschien ein sehr vernünftiger Artikel eines pensionierten deutschen Diplomaten in einer großen deutschen Zeitung, der flammend dafür argumentiert hat, mit dem Kosovo habe alles begonnen, mit dem Kosovo würde alles enden und man soll doch diesem Land endlich die Unabhängigkeit geben. Nur ist es leider so, dass diese Diplomaten das alles sagen, wenn sie pensioniert sind und nicht, wenn sie noch Einfluss haben. Und die Großmächte, die dort ihre wirtschaftlichen Interessen haben, reden da hinein ohne Rücksicht auf die Bevölkerung. Das ist die alte Tragödie, dass versucht wurde, Jugoslawien zu halten aufgrund von rein wirtschaftlichen Interessen von England und von anderen. Genauso wie damals bei der Gründung vom Irak: die Erfüllung der Erdölwünsche Englands hat dazu geführt, dass man diesen Staat Irak geschaffen hat.

Das Recht auf Europa

Schon während Ihrer Zeit im Europäischen Parlament waren Sie ein ständiger Anwalt für die Erweiterung der Europäischen Union. Und das geht bis heute.

Das ist wahr, ich habe mich immer für die Erweiterung eingesetzt, schon als Spanien und Portugal dazu kamen. Und ab Mitte der achtziger Jahre merkte man doch sehr stark, dass hinter dem Eisernen Vorhang etwas in Bewegung war. In Ungarn wurde mir später etwas Interessantes erzählt: auch die dortigen Kommunisten wussten, dass es einmal mit ihrem System zu Ende gehen wird. Die logische Folge dessen war, dass Ungarn irgendwann einmal in die Europäische Union eintreten würde. Also haben sie schon in den frühen achtziger Jahren begonnen, Gesetze so zu gestalten, dass sie möglichst kompatibel waren mit den Vorschriften in der Europäischen Union. Das hat dann später bei den Beitrittsverhandlungen die Sache wesentlich erleichtert. Erstaunlich ist, dass davon nichts nach Moskau gedrungen ist, aber die Ungarn sind zuerst Patrioten, dann erst waren sie Kommunisten. Ich habe das selbst gesehen, ich war von Anfang an in der Gemischten Parlamentarischen Delegation EU-Ungarn.

In 2004 hat die große Erweiterung nach Osten stattgefunden, zum 1. Januar 2007 kamen Bulgarien und Rumänien dazu. Nicht wenige sagen heute, dass nun erst einmal ein Ende sein müsste, wir könnten keine weiteren Beitritte verkraften und müssten erst einmal das innere institutionelle System der EU den neuen Gegebenheiten anpassen. Dabei mag sich mancher im geheimen denken, dass generell Schluss sein muss mit den Aufnahmen, damit mehr für die derzeitigen Mitglieder bleibe.

Es gibt gewisse bürokratische Kreise – auch unter den Politikern – die das verbreiten. Dass die EU sich institutionell anpassen muss, ist schon viele Jahre evident. Es sind aber die Regierungen und nationalen Egoismen, die das verzögern. Das ist kein Problem der neu beigetretenen Staaten. Es hat doch bei den Verhandlungen um eine institutionelle Reform neue Mitglieder gegeben, die sehr bereit waren, zugunsten einer vernünftigen Lösung zurückzustecken – peinlich für die alten!

Wie weit geht Europa?

Die europäische Union ist erst dann vollständig, wenn alle Europäer in ihr vereint sind. Es ist absurd, jetzt eine Art

Aufnahmestopp zu erlassen und widerspricht völlig dem europäischen Geist. Es gibt ein Recht auf Europa! Jedes europäische Land, das die Bedingungen erfüllt – Demokratie, Rechtsstaatlichkeit und Umsetzung des „aquis communautaire" – hat ein Recht darauf, aufgenommen zu werden. Für mich ist es skandalös, dass Kroatien noch nicht Mitglied ist. Aber auch Bosnien und Herzegowina, Mazedonien, der Kosovo, Albanien und auch Serbien gehören dazu. Es wäre ein fataler Fehler, die Ukraine vor der Tür zu lassen. Und was ist mit Armenien und Georgien? Georgien ist das älteste christliche Land in Europa, das dürfen wir nicht vergessen.

***

III.

Eine unruhige Welt

Der letzte Frieden

Nach dem Wiener Kongress 1814/1815 hat eine lange Friedensperiode für Europa eingesetzt. Die großen Friedensschlüsse des 20. Jahrhunderts hingegen haben weiter Kriege und Spannungen nach sich gezogen. Haben wir verlernt, Frieden zu machen?

Leider viel zu sehr. Der Unterschied ist der, dass man sich bereits vor Beginn der Friedenskonferenz auf die Prinzipien des Friedens geeinigt hatte. Man hatte auch noch, als man den Krieg führte, klare Ziele für eine Nachkriegsordnung. Das fehlt heute. Wenn wir die „Friedensschlüsse" nach dem Ersten Weltkrieg vor Augen haben, da war das nicht der Fall gewesen, nach dem Zweiten noch viel weniger. Da wollte man Hitler weghaben, aber um eine Nachkriegsordnung hat sich anscheinend niemand viele Gedanken gemacht. In Wien hatte man damals noch Prinzipien. Es ist natürlich auch so gewesen, dass man tatsächlich damals Frieden schließen wollte, man war Christ und für den Christen ist der Frieden eine Verpflichtung, während es jetzt diese kaum mehr gibt. Beim Wiener Kongress war es so, dass der einstige Gegner, Frankreich, eingeladen war, an den Verhandlungen teilzunehmen.

Im Gegensatz zu den Pariser Vorortkonferenzen, da waren doch die Delegationen der besiegten Länder quasi eingesperrt, und am Ende hatten sie dann einfach die Beschlüsse der Alliierten zur Kenntnis zu nehmen.

Der Ursprung dieses Verhaltens war der amerikanische Bürgerkrieg, der von einer besonderen Grausamkeit gewesen ist. In den Memoiren eines deutschen Generals, der damals von den Amerikanern eingeladen war, ist zu lesen, wie erschüttert dieser darüber war, was die Amerikaner mit den eigenen Leuten getan haben. Diese Einstellung ist über den Atlantik gekommen. Der Sieger ist der Überzeugung, er sei der Gute und der Besiegte ist der Böse. Man muss den letzteren bestrafen, wenn man ihn nicht ausrotten kann. Und der Gute kann unbeschränkt bestimmen. Hinzu kommt noch, dass die großen und dauerhaften Frieden in einer Zeit gemacht wurden, als es noch Berufsheere gegeben hat. Es wird heute wieder über die Einführung von Berufsheeren diskutiert. Damit kann man wesentlich einfacher einen Frieden gestalten, als mit einem Heer der allgemeinen Wehrpflicht.

Warum nicht?

Um einen Bürger, der kein Berufssoldat ist, in eine Uniform zu kleiden, in einen Krieg zu schicken und ihm gleichzeitig die Aufgabe zu geben, dass er einen anderen ebenso unbekannten Bürger erschießen soll – wobei der Mensch von Natur aus kein Mörder ist – muss man ihm immer Wut und Hass vermitteln. Das ist beim Berufssoldat nicht der Fall, er hat seinen Beruf selbst gewählt. Daher sind das Leute, die man nicht propagandistisch bearbeiten muss, damit sie kämpfen, was man bei dem Bürger, der auf einen anderen gegen seinen inneren Widerstand schießen soll, machen muss. Hier ist also psychologisch die Sache sehr zu Gunsten derjenigen Länder, in denen es ein Berufsheer gibt, die tun sich leichter, einen Frieden zu schließen. Daher ist in einem Volkskrieg die Propaganda die entscheidende Waffe. In einem Berufskrieg ist das nicht so notwendig und das führt dazu, dass die Fähigkeit, Frieden zu schließen, wesentlich größer ist. Das scheint mir eine logische Entwicklung zu sein. Man hat immer wieder erfahren, dass der Einsatz von Berufsheeren vernünftige Friedensschlüsse erleichtert. Der Westfälische Frieden war ein relativ vernünftiger gewesen und noch mehr der Wiener Kongress. Allerdings ist nach dem Wiener Kongress die Zeit gekommen, in der man die Opfer des Krieges nur zu häufig vergessen hat.

Da ist auch der Nationalismus hochgekommen. Und dann folgten die wahnsinnigen Ideen des amerikanischen Bürgerkriegs, mit dem Schlagwort – mit einem Kriegsgegner soll man keinen Frieden schließen, sondern man muss danach trachten, ihn zu bestrafen. Und so wird aus einem Friedensschluss ein Diktat.

Da sieht man den gewaltigen Unterschied zwischen Wiener Kongress und den Diktaten von Versailles, St. Germain, Trianon usw.. In Versailles sperrte man die Unterhändler des Gegners ein und zwang sie, ein einseitig diktiertes Dokument zu unterzeichnen. Sie waren bestenfalls Briefträger und durften nicht verhandeln. Die Delegationen hatten quasi Hausarrest und nicht das Recht, ihre Gebäude zu verlassen, geschweige denn, an den Gesprächen teilzunehmen. Anschließend übergab man ihnen die Diktate mit der Drohung, es werde Fürchterliches geschehen, wenn diese nicht erfüllt werden. Das schafft ungleichmäßige Verträge, die die Menschen innerlich nicht binden. Das schafft keinen echten Friedenschluss, denn er ist nicht von allen verhandelt worden – wie das noch beim Wiener Kongress der Fall war, der somit der letzte wirkliche Frieden war.

Können wir wieder lernen einen solchen Frieden zu machen?

Das ist die Frage. Man muss auf alle Fälle darauf achten, dass ein Frieden von allen verhandelt wird. Sonst wird schon allein aus der Struktur des Abkommens ein neuer Krieg vorbereitet. Wir haben das in Europa leidvoll erfahren müssen, mit dem Zweiten Weltkrieg und mit dem Krieg um den Zerfall Jugoslawiens in den frühen 90er-Jahren.

Und nicht nur in Europa – in den Pariser Vororten wurde nicht nur die europäische Landkarte neu gezeichnet, sondern in Neuilly und Sèvres wurde auch die gewaltsame Neuordnung des Gebietes des besiegten Osmanischen Großreiches beschlossen. Das Ergebnis haben wir heute. Da wurde der Irak geschaffen, den es vorher nicht gegeben hat, ein künstlicher Staat. Präsident Bush hat vom irakischen Patriotismus gesprochen, den gibt es aber nicht, genausowenig, wie es nie einen jugoslawischen Patriotismus gegeben hat. Im Irak ist man entweder Kurde, oder Tikrit oder Schiit. Das Land ist künstlich und wird daher früher oder später zerfallen.

Im Gegensatz zu Iran …

Iran ist einer der ältesten, würdigsten Staaten. Er hat eine nationale Identität, die auf einer 3000-jährigen Geschichte beruht. Da ist es klar, dass die Iraner ein gewisses Selbstbewusstsein gegenüber den Amerikanern haben. Da ist wohl die Lage kritisch, mit einem fanatischen Ahmadinejad, aber dieser wird immer wieder vom eigenen Land gebremst. Die USA sind leider nicht ganz unschuldig. Ich halte die Sache für einen fürchterlichen Irrtum, der vorbereitet wird. Wir haben gar kein Interesse daran. Natürlich, ich verstehe die Lage von Israel und die amerikanische Innenpolitik ist dadurch beeinflusst. Im Moment wird leider wenig sachliches gesagt, obwohl die Zwänge, die einstmals für den Einsatz im Irak zu sprechen schienen, nicht mehr gelten.

Hat also Iran das Recht auf die Nutzung von Atomkraft, sowohl militärisch als auch zivil?

Wenn die Großmächte seinerzeit ein richtiges atomares Abkommen gemacht hätten, dass den Nichtatomaren einen Frieden und eine Sicherheit gegeben hätte, wäre das etwas anderes. Aber man hat das nicht getan. Man hat wohl gesagt, wir wollen nur das Wohl der Menschheit, aber Monopole geschaffen und den Atommächten das Vetorecht in der UNO gegeben. Das darf man nicht vergessen. Allerdings bin ich überzeugt, das Iran ein Land ist, mit dem man reden kann.

Es ist jetzt natürlich ziemlich isoliert. Aber der Iran hat eine große Würde, es ist ein Land, das eine lange und große Tradition und eine große Struktur hat. Jedes Kind kennt die Geschichten vom großen Perserkönig Darius. Aber dass die Amerikaner da nicht nachgeben wollen, ist auch klar. Schwer verständlich ist allerdings, dass man der verbrecherischen Diktatur, dem nordkoreanischen Gewaltregime, in dieser wesentlichen Frage nachgibt. Und dass Iran kein Verständnis zeigen will für die berechtigten Sorgen Israels.

Glauben Sie, dass die Amerikaner stark genug sind? Oder übernehmen sie sich damit?

Wenn es zu einem Atomabtausch kommen sollte, dann wären sie in der Lage, die Iraner in den Boden zu stampfen. Aber ich glaube nicht, dass sie das auf normalen militärischen Weg noch können, zum Teil aus finanziellen, zum Teil aus innenpolitischen Gründen. Unser Interesse wäre auf alle Fälle den Frieden zu erhalten.

Sie haben kürzlich einen sehr interessanten Gedanken geäußert, in der Demokratie sei eine vernünftige Außenpolitik sehr schwierig.

Das scheint leider die Entwicklung zu sein. Weil man alles jetzt zur Innenpolitik macht. Weil man eigentlich außenpolitisches unabhängiges Denken unmöglich gemacht hat. Das ist die tragische Situation, in der wir sind. Aber das aus dem gleichen Grund, weil wir wieder für unsere Außenpolitik die eigene Innenpolitik einsetzen. Die Amerikaner sind da schwer verständlich. Wir müssten versuchen, eine Verständigung mit Iran zu erreichen. Man kann mit Iran sprechen. Das ist der Unterschied. Mit Irak wäre es viel schwieriger gewesen, weil der Staat nicht existiert, weil es immer diese Drei-Kräfte-Pole in diesem Staat gegeben hat, die eine gemeinsame irakische Politik unmöglich gemacht haben.

Wie wird es ausgehen in Irak?

Ich fürchte, dass es so schnell dort nicht zu Ende sein wird. Wenn wir Glück haben, dann wird sich der Konflikt nicht zu sehr ausdehnen. Nun aber werden alle anfangen, ihren eigenen Nationalismus zu entwickeln, und wenn man dann das Land zusammenlässt, wird es einen fürchterlichen Bürgerkrieg geben der sich schon heute abzeichnet. So oder so, gleich wie es ausgeht. Und was wird dann aus Israel, seitdem die Invasion des Libanon die Schwäche dieses Staates nur zu klar gezeigt hat?

Putins Russland – eine Demokratur[24]!

Sie erregen immer wieder Aufsehen mit Ihrer harten Kritik an Russland und Präsident Putin. Sie bezeichnen ihn offen als einen Diktator!

Aber das ist er doch! Er stammt aus dem KGB. Man muss nur seine Karriere vor Augen haben, um zu wissen, was dieser Mann ist und was dieser Mann denkt. Er war einer der besten Schüler seines Jahrgangs auf der KGB-Schule, er hat die privilegiertesten Stellen gehabt, war in der DDR und da kamen doch nur die besten und die zuverlässigsten hin. Und alle seine Leute, die er nun um sich geschart hat, die sogenannten Silowiki, stammen doch aus dem KGB, jetzt FSB. Und Putin hat zu verantworten, was aus Russland heute geworden ist. Ein autoritärer Staat, in dem es keine Freiheit und kein Recht gibt, eine staatskontrollierte Wirtschaft. Wenn man die Entwicklung genau untersucht, ist sie so wie die Entwicklung Deutschlands in den dreißiger Jahren. Die Parallelität ist erschreckend.

In den letzten Jahren wurden die bürgerlichen Freiheiten in Russland stark eingeschränkt. Man kann mittlerweile von einem totalitären Staat sprechen. Die Medien sind gleichgeschaltet, die Opposition bewegt sich durch die restriktive Gesetzgebung am Rande der Legalität, die Korruption ist überbordend, die Staatswillkür kennt keine Gren-

---

[24] Dies ist eine Wortschöpfung von Boris Reitschuster, Korrespondent des FOCUS in Moskau. Sein mehr als lesenswertes Buch „Putins Demokratur. Wie der Kreml den Westen das Fürchten lehrt" erschien 2006 bei ECON.

zen und von einem Rechtsstaat ist das Land weit entfernt. Misswillige Journalisten werden mundtot gemacht, wenn nicht sogar ermordet, wie im letzten Herbst Anna Politkowskaja.

In Moskau herrscht wirklich eine national-sozialistische Diktatur. Man hat das hier lange nicht gesehen oder nicht sehen wollen. Es sind noch keine fünf Jahre her, dass der damalige Bundeskanzler Schröder gesagt hat, Putin sei ein lupenreiner Demokrat. Entweder war der Mann naiv oder, wie ich fürchte, etwas anderes. Sehen wir uns die Geschichte um die Ostseepipeline der Gazprom und seines Engagements als Aufsichtsratvorsitzender im Unternehmen unmittelbar nach seiner Demission als Bundeskanzler an!

Das Gazprom-Geschäft, der Pipeline-Bau wurde eingefädelt noch in seiner Amtszeit. Gegen die Forderung der Polen und der baltischen Staaten. Die Zusammenhänge wurden hier wenig diskutiert. Es beginnt nun langsam eine Veränderung des Bewusstseins, auch im Zusammenhang mit den Morden an den Journalisten, mit dem Vergiftungsanschlag auf Litwinenko. Weit entfernt von jedem rechtsstaatlichen Verfahren war der Prozess gegen Michail Chodorkowski, dem Chef des Yukos-Konzerns, der mittlerweile in Sibirien in einem Lager einsitzt, und dem man nun erneut einen Prozess macht.

Der Prozess war ein Schauprozess im klassischen Stalinschen Stil. Wer naiv ist, kann glauben, dass es in diesem Prozess wirklich um Steuerhinterziehung und Geldwäsche etc. ging. In Wirklichkeit ging es darum, ein Exempel zu statuieren und Yukos zu zerschlagen. Dabei war Chodorkowski eben dabei, den Konzern in ein Unternehmen nach westlichem Muster umzubauen. Zu Jelzins Zeiten hat es noch eine Art Raubtierkapitalismus gegeben, und Chodorkowski war einer der ersten gewesen, der einen anderen Stil eingeführt hat. Er begann auch, die Opposition zu finanzieren, was in einer demokratischen Gesellschaft jedermanns gutes Recht ist. Und das war spätestens der Zeitpunkt, als Putin zugeschlagen hat. Dann kam die Verhaftung von Chodorkowski. Und der Yukos-Konzern wurde aufgeteilt unter den Silowiki. Einer bestimmten Gruppe von Leuten wird es erlaubt Geld zu verdienen. Die anderen, die unbotmäßig sind, werden unter fadenscheinigen Vorwänden verhaftet. Chodorkowski hatte sich den Befehlen der Silowiki[25] nicht gefügt. Im Gegensatz zu manch anderen großen Unternehmern hat er sich nicht angepasst und auch nicht das gemacht, was der Kreml ihm vorschreiben wollte. Man sagt auch immer, es habe zu Jelzins Zeiten so viel Korruption gegeben, aber das ist absurd. Putins Russland ist heute einer der korruptesten Staaten. Es gibt dort eine enorme staatliche Korruption. Chodorkowski ist jetzt eine gewisse Zeit lang in Haft und hat nun nach russischem Recht die Möglichkeit, um Entlassung anzusuchen. Um das zu verhindern, klagen sie ihn jetzt noch mal wegen Korruption, Geldwäsche, Steuerhinterziehung etc. an. Vier Flugstunden entfernt von Moskau sitzt der Arme in einem Lager. In dem Moment, wo weniger über ihn im Westen geschrieben wird, werden wir irgendwo einmal eine Zeitungsnotiz lesen, es habe eine Schlägerei im Gefängnis gegeben, bei der Chodorkowski leider ums Leben kam.

Aus der Zerschlagung des Yukos-Konzerns hat sich die Gazprom bzw. von ihr beauftragte Firmen die besten Stücke herausgeholt. Die Gazprom wird heute von kremlnahen Kreisen geleitet, wie alle Schlüsselindustrien Russlands. Was bedeutet das?

Man spricht sehr wenig davon, dass dies die totale Militarisierung der Wirtschaft bedeutet. Alle für militärische Zwecke relevanten Industrien sind in den Händen der Silowiki, d.h. der Putin-Getreuen. Die Energieindustrie, die Schifffahrt, die Automobilindustrie. Alles, was man für einen Krieg braucht, hängt nun am Staat. Die russische Wirt-

[25] Silowiki ist im russischen Sprachgebrauch die Bezeichnung für Vertreter der Geheimdienste und der Armee, die in den Regierungen Wladimir Putins zu bedeutenden politischen Positionen kamen. Sie sind der engste Kreis um den Präsidenten.

schaft, so wie sie jetzt durch Putin umgebaut wird, ist eine Vorbereitung auf einen Krieg, man muss sich darüber klar sein. Der einfache Russe weiß das nicht, aber wenn man das aufmerksam beobachtet, liegt das klar auf der Hand.

Nun hat Putin angekündigt, Russland würden die Abrüstungsabkommen nicht mehr aufrechterhalten. Stehen wir wieder vor einem kalten Krieg?

Da sind wir schon drinnen. Viele merken es nicht. Auch die Juden nicht, die eigentlich besonders aufmerksam sein sollten. Der Antisemitismus in Russland ist sehr populär. Und wenn wir schauen, wem alles der Prozess gemacht wurde, allen voran Chodorkowski – das sind alles Juden. Die Russen haben den Antisemitismus erfunden, nicht die Deutschen, die waren immer judenfreundlich gewesen. Es ist nur die Tragödie, dass Hitler sie so hat aufhetzen können, dass dann all die furchtbaren Dinge geschehen sind. Aber die Juden merken nicht, was sich im Moment in Russland abspielt. Sie sollten aufmerksamer sein.

Da spielt doch auch der Antisemitismus eine Rolle?

Wir dürfen nicht vergessen, dass Putin ein intensiver Antisemit ist. Und Chodorkowski ist Jude. Viele andere auch. Und ich fürchte, denen wird es wieder an den Kragen gehen.

Putin selbst hat promoviert über das Thema „Strategische Nutzung von Ressourcen". Heute erleben wir, dass Russland seine Energievorkommen Gas und Öl zu politischen Zwecken einsetzt. Haben wir da schon einen Energiekrieg?

Bis jetzt noch nicht. Momentan setzt Moskau die Energiefrage gegen schwächere ein. Interessant ist aber, wenn man sieht, wo sich die Gazprom überall einkauft. In ganz Europa werden Geschäfte gemacht. Am deutschen Energiekonzern EON hält die Gazprom sechs Prozent. Und unsere Kapitalisten, Wirtschaftler etc., die politisch leider naiv sind, wollen einfach nicht sehen, was sich da unter ihren Augen abspielt.

Hat sich denn in den vergangenen Jahren, seit dem Zu-

sammenbruch des Sowjetregimes etwas substanzielles geändert?

Leider nicht. Nach einem kurzen Aufatmen der Freiheit in den neunziger Jahren beobachten wir wieder den Rückfall in die alten Mechanismen russischer Politik. Da hat sich leider gar nichts geändert. Und jetzt wird wieder ein totalitäres Regime aufgebaut, welches die alten, die russische Außenpolitik bestimmenden Maximen praktiziert. Sie glauben an ihre territoriale Ausdehnung, und sie sehen sich im Osten wie im Westen großen Problemen gegenüber. Sie haben noch lange nicht aufgegeben ihre Politik der Einflussnahme auf ihre näheren Nachbarn, wir haben das gesehen mit der Ukraine. Bislang haben wir uns noch zu wenig mit dem Osten auseinandergesetzt. Denn man muss sich klar sein, der Nachbar meines Feindes ist mein Freund. Daher müssten wir ganz anders mit den Chinesen umgehen und uns viel mehr mit ihnen befassen.

Sie sagen der Nachbar meines Feindes ist mein Freund. Feind ist aber ein starkes Wort.

Aber wir müssen doch die Entwicklung realistisch sehen. Und das tun zu wenige hier. Kürzlich hatte ich in einer Veranstaltung auch wieder ein solches Erlebnis. Nachdem ich meine Rede gehalten hatte, ist einer aus dem Publikum aufgestanden und hat gesagt, man dürfe Russland gegenüber doch nicht so streng sein, Putin sei doch ein großartiger Mann und Russland sei doch der natürliche Partner Deutschlands. Außerdem solle man die Entwicklung in Russland nicht so eng sehen. – Es gibt halt eben noch Rapallo-Deutsche[26], die glauben, wir können mit Moskau gegen europäische Partner zusammenarbeiten. Aber das wird so nicht gehen. Solange Russland seine Politik betreibt und nicht daran denkt, seine Kolonien zu dekolonisieren, kann ich an eine friedliche Entwicklung nicht glauben. Aber es geht seit Jahrhunderten um die Ausdehnung des russischen

---

[26] Der Vertrag von Rapallo wurde am 16. April 1922 zwischen dem Deutschen Reich und der Russischen Sozialistischen Sowjetrepublik geschlossen.

Territoriums. Verfolgt man die russische Geschichte, sieht man, dass das Ziel der Politik war, an das Mittelmeer heranzukommen. Und das war dann auch die Politik von Stalin. Und heute auch.

Liegt es am russischen Charakter oder an der historischen Entwicklung? Die Russen haben nie Demokratie kennengelernt. Es hat nie eine Diskussion über das Verhältnis von Kirche und Staat gegeben. Das Zeitalter der Aufklärung ist an ihnen vorübergegangen.

Die fehlende Aufklärung würde ich nicht einmal als entscheidend ansehen. Es liegt einfach an der Grundeinstellung. Sie haben einfach ein sehr unterentwickeltes Gefühl für die Freiheit, wenig Verständnis dafür. Es tut sich im Moment etwas ein ganz klein wenig, wir haben das doch kürzlich gesehen bei den Demonstrationen, die dann aber brutal von der Polizei und den Kreml-Truppen zerschlagen worden sind. Es gibt eben eine blinde Autoritätsgläubigkeit. Das war schon stark in der Zeit der Zaren. Die Russen haben auch wenig aktive Kontakte außerhalb ihres Raumes gehabt. Als die Großfürsten dann später reich geworden sind, sind sie an die Rivera gefahren oder in die anderen klassischen Badeorte. Aber die Hocharistokratie war ohnehin nur die Spitze der Gesellschaft. Andere Schichten hatten wenig Kontakt mit dem Ausland. Es ist eigentlich seltsam, dass den Russen diese merkwürdige Entwicklung nicht selbst aufgefallen ist. Am allerbesten wurde sie beschrieben mit folgender Situation: Seinerzeit hatte Lenin eine Windstille seines Systems angekündigt. Ein Teil derselben waren Versammlungen mit Fragerecht der Zuhörer – ganz anders als Putin heute, der jede Art von Diskussion verbietet. Aber Lenin war an sich ein gescheiter Mensch und auch ein Halbjude, von daher sehr diskutierfreudig – zumindest noch in der Zeit vor den großen Massenmorden in der Ukraine. Und da hat es einmal eine Bauerndiskussion gegeben, in Mittelrussland, ein alter Bauer ist aufgestanden und hat zu Lenin folgendes gesagt: „Ich will Ihnen einmal zeigen, wie es hier wirklich ist.“, hat seinen Stock genommen, hat ihn aufgehoben und darauf gezeigt. „In der zaristischen Zeit hier der Zar an der der Spitze. Dann waren wir und ganz unten, waren die Verbrecher. Die Revolution ist gekommen und man hat einfach den Stock umgedreht. Jetzt ist nicht mehr der Zar oben, sondern die Verbrecher. Wir sind am gleichen Ort geblieben. Es hat sich für uns nichts geändert.“

Warum kann die Entwicklung in Russland für uns so gefährlich sein?

Weil Russland für uns heute das allerwichtigste Land ist, leider im schlechten Sinne. Es ist unser größter Nachbar im Osten, und daher ist es wichtig, dass wir die Entwicklung sehr aufmerksam verfolgen. Und wenn sich ein großer Nachbar zu einem diktatorischen System mit einem gewissen aggressiven Potenzial nach außen entwickelt, dann kann das für uns nur gefährlich sein. Mit Russland haben wir schon seit sehr langer Zeit immer Probleme gehabt. An sich ist es nicht automatisch ein schlechtes Land, aber Moskau hat die Gabe, fast immer Persönlichkeiten an der Spitze zu haben, die für uns problematisch sind. Russland ist an allererster Stelle das größte Land der Welt. Es hat eine gewaltige Ausdehnung West-Ost. Es war in der Geschichte immer so, dass Russland entweder im Osten Probleme hatte und währenddessen im Westen sich den Frieden hat kaufen müssen oder umgekehrt. Die Russen waren nie berechenbar. Als nächstes haben die Russen eine eigenartige Mentalität: sie wollen immer mehr Land, obwohl sie doch schon so viel haben. Sie haben, beinahe würde ich sagen, eine Art bäuerliche Beziehung zum Boden, den sie erobern wollen. Und das war immer so, unter den zaristischen Regimes und auch während des Kommunismus. Allein Stalin hat viel einverleibt, beispielsweise Tanu Tuwa, welches eindeutig kein russisches Gebiet ist, was aber brutalst kolonisiert wurde. Gegenüber der Bevölkerung der eroberten Gebiete üben die Russen wenig Rücksicht. Zum Beispiel die Wogulen, die man auch die Mansen und Chanten nennt

Mit dem kroatischen Präsidenten Franjo Tudjman während eines serbischen Angriffs im Luftschutzkeller.

Auch mit Präsident Stipe Mesic hat Otto von Habsburg einen guten Kontakt.

Die Unabhängigkeit des Kosovo ist ein Herzensanliegen von Otto von Habsburg. Mit dem verstorbenen Präsidenten Ibrahim Rugova verband ihn eine lange Freundschaft.

Die lettische Präsidentin Dr. Vaira Vike-Freiberga und Otto von Habsburg schätzen sich gegenseitig sehr. Hier anlässlich der Verleihung des Coudenhove-Kalergi-Preises im Oktober 2006 in Riga. Im Hintergrund der ehemalige österreichische Außenminister Dr. Alois Mock.

Festakt anlässlich 80 Jahre Paneuropa-Union im Jahre 2001: Otto von Habsburg mit der damaligen österreichischen Außenministerin Benita Ferrero-Waldner, Dr. Ingo Friedrich MdEP und Bundeskanzler a.D. Dr. Helmut Kohl.

Mit Valérie Giscard d'Estaing.

Am 3. Oktober 2004 spricht Papst Johannes Paul II. Otto von Habsburgs Vater, Kaiser Karl selig. Er möge jenen als Vorbild gelten, die in Europa politisch tätig sind.

Der Theologe Joseph Ratzinger und Otto von Habsburg kennen sich schon seit über 40 Jahren. Nach seiner Wahl zum Papst kommt es zu einer sehr herzlichen Begegnung.

Goldene Hochzeit im Mai 2001 in Nancy: Otto und Regina von Habsburg im Kreise ihrer Kinder und Enkelkinder.

Immer ein gefragter und dynamischer Redner.

Otto von Habsburg und Herausgeber Erich Lejeune im Gespräch im Mai 2007.

und die ziemlich nahe den Ungarn verwandt sind. Sogar die Sprache ist ähnlich. Noch vor dem Zweiten Weltkrieg hat es über zwei Millionen Wogulen gegeben, die Nomaden waren und hauptsächlich von Jagd und Fischerei lebten, aber nach dem Krieg begann die systematische und barbarische Ausrottung dieses Volkes.

Wenige werden wissen, wo die Wogulen lebten?

Östlich des Uralgebirges in Westsibirien. Heute gibt es nur noch etwa 50.000 Wogulen. Das Gebiet ist heute eine wichtige Industrieregion, es gibt dort sehr viel Erdöl und Erdgas. Deshalb wurden die Wogulen ausgerottet. Zuerst wurden die Flüsse vergiftet und damit die Fischerei unmöglich gemacht. Dann ist der KGB mit niedrig fliegenden Helikoptern über die Wälder und die Steppen geflogen, und sie haben mit Maschinengewehren auf das Wild geschossen. Damit wurde den Wogulen die Lebengrundlage entzogen, sie sind weitgehend ausgestorben. Und die Russen konnten das Gebiet dann gründlich industrialisieren. Es ist eine gewisse Mentalität, rücksichtslos verschiedene Völker auszurotten. Man sieht das auch in Tschetschenien. Und das geht selbst bis in unsere Regionen hinein. Die Strategie, mit der die Serben die Kosovo-Albaner vernichten wollten, ist doch genau die gleiche. Es ist ihnen zum Glück bisher nicht gelungen.

Serbien konnte diese gezielte Ausrottungspolitik auch nur mit der Unterstützung Russlands betreiben.

Serbien hängt auch sehr stark an Russland. In den Tagen des Kosovo-Krieges hat es einen Beschluss im serbischen Parlament gegeben, Serbien solle sich an Russland anschließen. Das liegt auch an der Religion, denn sie sind fanatisch orthodox. Ob sie letzten Endes an Gott glauben, das weiß man nicht. Die Kirche ist eher eine Art Partei. Und für die Albaner haben sie eine gezielte Vernichtungsstrategie vorbereitet. Sie haben sie auf unmenschlichste Weise behandelt. In 1989 hat Milosevic dem Kosovo den Autonomie-Status geraubt, den der Kosovo im ehemaligen Jugoslawien gehabt hatte. Dann ging es weiter mit den Schulen. Sie haben zuerst die albanischen Kinder in den Schulen schikanieren lassen, so lange, bis sie sie hinauswerfen konnten. Dann haben sie die rein albanischen Schulen, nicht nur die Volksschulen, sondern auch die Gymnasien und die Universitäten geschlossen und verboten, zu unterrichten. Die Albaner haben versucht, sich zu wehren, indem sie privat weitergemacht haben. In Wohnzimmern hat der Unterricht stattgefunden. Wenn so etwas herausgekommen ist, wurden alle verprügelt oder verhaftet. Dann wurde die medizinische Versorgung für die albanische Bevölkerung abgeschnitten. Irgendwann haben sich die Albaner, die das alles über viele Jahre tapfer ertragen haben, angefangen, sich zu wehren. Und das war dann der Beginn für die Serben, brutal zuzuschlagen. Wir erinnern uns doch an die unmenschlichen Massaker und Vertreibungen in den Jahren 1998 und 1999. Die Strategie ist die gleiche bei den Russen. Wenn man einmal untersucht, wie es Tschetschenen in Moskau ergangen ist, dann ist es doch das gleiche.

Wir vernachlässigen auch sehr die Ukraine.

Man bezeichnet fälschlicherweise die Ukrainer als eine Art Russen Nr. 2, aber sie sind etwas anderes, nämlich Europäer. Bedauerlicherweise hat Bundeskanzlerin Merkel noch vor kurzem erklärt, dass es zum jetzigen Zeitpunkt keine europäische Perspektive für die Ukraine geben kann. Damit hat sie Unrecht. Sie kennt die Ukraine nicht. Die Ukrainer sind Europäer, auch in ihrer politischen Reaktion. Im Gegensatz zu den Russen, die an die Autorität glauben, weil sie eine Art merkwürdig verweltlichte Religion haben. Denn die russische Orthodoxie hat diese tiefe Verbindung zur Regierung und zur Macht, das die Ukraine nicht hat. In der Ukraine gibt es auch viele Katholiken.

Auch im Osten Russlands brauen sich große Unruhen zusammen.

Das wird noch große Probleme ergeben. Man kommt jetzt langsam an die Grenzen. Interessant ist, dass gerade im Okhotsk-Meer, das strategisch entscheidend ist, in der jüngsten Zeit die chinesischen und koreanischen Tongs eingedrungen sind, die sogar die Verwaltung gewisser Gebiete und Inseln infiltrieren. Die Russen haben dort noch eine starke Militärpräsenz. Es tut sich also viel. Man sucht zwar nach einem Ausgleich, aber die Chinesen und die Koreaner werden immer mächtiger. Und dann haben wir noch immer das Problem der südlichen Kurileninseln. Die Japaner sind hart in ihrem Pochen auf ihr Recht auf die Kurilen. Sie sind bewundernswert in ihrer Haltung und haben ihre eigenen Mitbürger nie vergessen. Ganz anders als leider gewisse Deutsche. Die Japaner werden die Inseln nicht aufgeben. Man muss sich vorstellen, dass viele Menschen, die von den südlichen Kurilen stammen, nun auf der anderen Seite in Hokkaido wohnen und täglich ihre Heimat vor Augen haben.

Es ist nicht genug bekannt, dass Russland immer noch ein großes Kolonialreich ist.

Das einzige Kolonialreich im Zeitalter der weltweiten Globalisierung. Es fällt nicht so auf, denn die Kolonien liegen direkt an Russland, nicht wie die einstigen Kolonien der Westeuropäer in Übersee. Die Russen möchten alles halten, das wird aber auf die Dauer nicht gehen.

Die Chinesen kommen schleichend …

… und die Koreaner. Vergessen wir die Koreaner nicht, die sind meist viel zielbewusster wie die Chinesen. Wenn man die nördliche Küste vom Okhotsk-Meer nimmt, dort sind die Koreaner. Weiter südlich sind die Chinesen.

Ist damit zu rechnen, dass das alles in den kommenden Jahren aufbrechen wird?

Es muss und es wird aufbrechen, das ist eine zwangsläufige Folge. Darum müssen wir als Europäer vorsichtig sein. Wir müssen wissen, wenn wir hier nachgeben, dann bereiten wir den Krieg unserer Kinder oder Enkel gegen die Chinesen vor. Daran haben wir überhaupt kein Interesse, dass unsere Kinder in russischen Kolonialkriegen verbluten. Darum versuchen die Russen immer wieder in der EU oder in der NATO Einfluss zu haben, damit sie dann auf unsere Armeen und unsere Technologie zurückgreifen können.

Welch eine Rolle spielt die Orthodoxie in Russland? Moskau sieht sich doch als das dritte Rom.

Meines Erachtens spielt die Orthodoxie eine zweifelhafte Rolle. Zum einen ist die orthodoxe Religion eine Nationalkirche. Zum anderen hat sich die russische Kirche bis heute an den Staat verkauft. Meist hat die Orthodoxie das Leninsche System unterstützt und war eine Säule des Regimes. Das Merkwürdige ist auch, dass diese Orthodoxie vielmehr wie andere Religionen eine Art Hilfsorganisation der Polizei ist. Wie viele Priester haben die Menschen ausgehorcht und bespitzelt! Das ist heute unter Putin ähnlich Die Kirche lässt sich – bewusst – für die Ziele des Staates benutzen. Etwas, was bei uns undenkbar wäre. Wir haben doch eine Trennung zwischen Kirche und Staat. Aber schauen sie doch einmal die orthodoxen Osterfeiern während des letzten Präsidentenwahlkampfes an. Die Liturgie ist eine sehr strenge und eigentlich ist es nicht erlaubt, dass Laien hinter der großen Bilderwand, der Ikonostase, die den Altarraum vom Raum für die Messbesucher trennt, stehen. Es dürfen sich dort nur Priester aufhalten, früher aber auch noch die Zaren, da sie eine besondere Funktion in der Kirche hatten. Mit Interesse habe ich verfolgt, wie sich das bei der Osterfeier in Moskau abgespielt hat. Der Gottesdienst lief, die Priester haben prachtvoll gebetet und auf dem Höhepunkt ist Vladimir Putin durch die Tür der Ikonostase vor das Volk getreten – wie ein Zar. Das war doch eine sagenhafte Inszenierung. Und hier wurde mit diesen psychologischen Mitteln Wahlkampf getrieben.

Die Orthodoxie ist eine Religion, die auf der einen Seite eine große Spiritualität hat, aber auf der anderen Seite fehlt etwas völlig, was wir aber im katholischen Christentum haben: Eine Gesellschaftslehre, eine katholische Sozi-

allehre, eine Lehre der Kirche, wie der Mensch sich in der Welt zu verhalten hat.

Das fehlt bei den Russen weitgehend. Daher ist der Polizeichef, der den Verkehr regelt, auch der, der alles bestimmen kann bei den Orthodoxen. Das gibt es bei uns nicht: Eine Vermischung von Religion und weltlicher Autorität hat bei uns immer wieder zu Unruhe geführt.

Wenn solche Dinge hier geschehen, dann ist es ein Skandal. Erinnern wir uns doch an die jüngsten Ereignisse in Polen, welch ein Skandal das war, als herauskam, dass einige Kirchenleute mit dem polnischen Geheimdienst zusammen gearbeitet haben. Es hat die Gesellschaft in große Unruhe gestürzt. Aus welchem Grund die Schuldigen das auch getan haben, viele wurden sicherlich erpresst, aber es erschüttert die Kirche und die Gesellschaft.

Das gäbe es in Russland nicht, denn die Kirche ist eine Nationalkirche und hat traditionell eine enge Bindung an den Staat.

Unser Partner China

Ein Problem ist heute, dass man in der Außenpolitik nicht mehr in Zusammenhängen denkt. Und dabei sind diese sehr wichtig, gerade, wenn wir die beiden komplexen Reiche China und Russland beobachten.

Wir haben das Problem Russland mit Putin. Und nicht nur in diesem Zusammenhang wird Chinas Rolle immer interessanter. Ich bin der Ansicht, dass man sich mit China verständigen kann. Die Chinesen sind nicht, wie man manchmal eine Karikatur von ihnen zeichnet, eine gefährliche Macht. Die Chinesen haben erst einmal den Vorteil, dass sie weit von uns weg sind, zweitens haben wir den Vorteil, dass wir mit den Chinesen an sich keine größeren Spannungen haben. China ist auch an sich nicht kommunistisch, nicht in dem Sinne, wie wir das in Europa kennen, es ist eher eine Art Nationalbolschewismus, der dort herrscht, der aber ständigen Wandlungen unterworfen ist. In China gibt es keinen Rassismus, sie sind dort sehr offen, denn es gibt dort viele Nationalitäten. Und es entwickelt sich sehr positiv, die chinesische Führung geht sehr behutsam, aber klug daran, das System den Gegebenheiten anzupassen, aber ohne die Grundsätze der chinesischen Außenpolitik aufzugeben.

Wo liegen diese außenpolitischen Schwerpunkte?

Es gibt den Begriff der „Zwölf ungleichen Verträge", das waren politische Entscheidungen, die fremde Mächte China aufgezwungen hatten bzw. wo sich China in seiner territorialen Integrität verletzt fühlte. Die Abschaffung dieser ungleichen Verträge sind die Grundlage einer jeden chinesischen Außenpolitik. Man darf nicht vergessen, dass die Chinesen ein sehr genaues und auch ein sehr stolzes Volk sind. Ein Teil der Verträge ist schon bereinigt, diejenigen, die noch immer bestehen, betreffen alle Russland. Diejenigen, die uns betreffen sind alle weg: Hongkong, Yen Zin, Macao. Auch die Sache mit Indien ist bereinigt. Sodass wir eigentlich keine Gründe mehr haben, irgendwie schlechte Beziehungen zu China zu haben.

Es gibt viele Behauptungen, die über China kursieren, eine davon ist die, dass es in China eine starke Religionsverfolgung gibt. Wie beurteilen Sie das?

Ich glaube nicht, dass es diese gibt. Man sollte da keine zu engen Maßstäbe anlegen. Dass es keine Religionsfreundlichkeit ist, das ist auch klar. Ob es bei uns so viel Religionsfreundlichkeit gibt, ist eine andere Frage. Aber ich glaube, dass man da, wenn man die heutige Situation mit der zu Zeiten von Mao Tse-tung vergleicht, doch einen Riesenfortschritt verzeichnen kann. Es ist Schritt für Schritt besser geworden. Man darf nicht vergessen, dass der Geist von Tschou En-Lai immer noch sehr stark ist, der versucht hat, Mao zu bremsen. Es ist ihm nicht voll gelungen, aber er hat trotzdem auf die lange Sicht weitgehend den Sturz von Mao herbeigeführt. Und das sind auch Fortschritte gewesen. Wenn man die Entwicklung beobachtet, sieht man, dass sie in jedem Punkt immer mehr nachgeben, ganz gleich ob in der Wirtschaft oder auch in der Politik. Und auch in der Religion. In China ist ein bedeutendes religiöses Potenzial vorhanden. Man spricht aber bei uns immer nur von den Sekten, von denen einige verboten sind, vielleicht auch zu Recht. Man spricht niemals davon, dass die katholische Kirche sich in China ausgebreitet hat, dass sie heute auf dem Weg ist, eine der stärksten Religionen zu werden. Daher haben wir alles Interesse, weiter mit den Chinesen zusammenzuarbeiten. Auch in der Zeit der ärgsten Religionsverfolgung haben die Chinesen immer ihre eigene katholische Kirche gehabt. Ich war einmal bei dieser Kirche von den Chinesen, zwar aus reinem Irrtum. Ich hatte während eines Besuches in China gesagt, dass ich am Sonntag in die Messe gehen wollte. Selbstverständlich, hieß es, es ist alles möglich. Also wurde ich in eine Kirche gebracht und habe dort eine wunderschöne Messe erlebt. Es war noch eine lateinische Messe, einfach eine alte traditionelle Messe wie ich sie noch als Kind und junger Mann erlebt habe. Erst später ist mir aufgefallen, diese Sache ist zu schön, um wahr zu sein. Es war also eine Messe in der chinesischen Nationalkirche, die von Rom abgefallen ist. Allerdings höre ich immer wieder, dass gegenwärtig eine große Rückkehr von diesem sogenannten Abgefallenen zu Rom ist und der Vatikan sie diskret, aber mit offenen Armen aufnimmt. Ich bin überzeugt, dass das also wieder in Ordnung kommen wird.

Rom hat die abgefallene chinesische Nationalkirche nie abgeschrieben. Man hat nie laut darüber geredet. Aber aufmerksamen Beobachtern ist das aufgefallen. Als Erzbischof Lefebre im Jahr 1988 unerlaubterweise in der Schweiz Priester geweiht hatte, hat der Vatikan sehr scharf reagiert und vom ersten Schisma seit dem Abfall der Orthodoxen Kirche im Jahr 1054 gesprochen. Was dem Beobachter sagt, dass die chinesische Nationalkirche nicht schismatisch behandelt wird.

Die Kirche in China ist unter massivem Druck der Regierung gewesen, es hat auch viele Märtyrer gegeben, aber heute existiert dieser Druck nicht mehr so stark. Sie werden zu uns zurückkommen, davon bin ich überzeugt. Und die romtreue Kirche gewinnt in China massiv an Boden, das ist auch bei der Regierung eine bekannte Tatsache.

Zurück zur Außenpolitik. Wo liegen die Knackpunkte? Beispielsweise in Tanu Tuwa?

Das ist ein wesentlicher Punkt. Erst einmal ist Tanu Tuwa wahrscheinlich der reichste Teil von Sibirien, den Stalin sich einfach genommen hat. Und es gehört den Chinesen legitim, und man kann weiß Gott nicht kritisieren, dass sie da nicht desinteressiert sind. Es ist vollkommen verständlich, dass die Rückkehr von Tanu Tuwa eines der Ziele der Aufhebung der Zwölf ungleichen Verträge ist. Und ich habe keine Bedenken, dass das auch kommt.

Die Chinesen müssen das auch zurückgewinnen, da sie in ihrem Land mit großen Problemen zu kämpfen haben, zum Beispiel auch mit dem Wasserproblem.

Das ist wahrscheinlich das Wichtigste heute. Ursprünglich bestand Chinas großer Reichtum im Wasser, was aber durch die Umweltzerstörung im Kommunismus ruiniert wurde. Die Umweltproblematik ist groß, aber sie wird langsam aber sicher erkannt. Die Chinesen haben eine Reihe von sehr gut ausgebildeten Wissenschaftlern in der Regierung, die diese Probleme nun angehen. Es deutet alles darauf hin. Und wir werden Partner der Chinesen werden, wir haben gar kein Interesse, mit ihnen in Spannung zu leben. Natürlich gibt es überschneidende Interessen, auch wirtschaftliche, aber wo gibt es das nicht. So etwas hat es immer und mit jedem Erdteil gegeben.

Immer wieder herrscht Aufregung um Taiwan. Wenn ein chinesisches Kampfschiff vor den Küsten Taiwans kreuzt, heißt es, die Chinesen rasseln mit den Säbeln. Wie beurteilen Sie das?

Taiwan ist erstens einmal nicht unbeliebt. Taiwan hat

auch sehr viel von Japan, denn es gehörte lange Zeit zu Japan. Aber es gibt von seiten der Chinesen die Bereitschaft, Taiwan weitgehend entgegenzukommen. Dass die Taiwanesen davor ein wenig Angst haben, ist durchaus verständlich. Wenn jetzt hier ein Riesenlöwe hereinkommen würde, würden wir ihn auch etwas ängstlich betrachten. Aber ich glaube, dass es zu einer Verständigung und einer Einigung kommen wird. Das Gerede, die Chinesen würden eine Invasion planen, ist wahrscheinlich Unsinn. Die einzige je erfolgreiche Invasion über das Meer war die Landung der Alliierten im Jahr 1944 in der Normandie, da hat es über zig Kilometer flache Strände gegeben und die deutsche Armee war schon sehr geschwächt, sie hatte keine funktionierende Luftaufklärung mehr. Allerdings ist dieses Unternehmen beinahe schief gegangen. Schauen wir auf Taiwan: es gibt keine flachen Strände, die Küste ist felsig. Auch die Luftwaffe von Taiwan ist eine äußerst gut ausgebildete Truppe. Es ist abwegig, dass es zu einer Invasion kommt. Es wird andere, friedliche Lösungen geben, sodass der Konflikt beigelegt werden kann.

Es gibt schon einige Anzeichen, dass China einer der großen Partner Europas sein wird. Was ist mit Russland?

China wird auf lange Sicht auch die übrigen offenen Fragen der einstigen Zwölf ungleichen Verträge lösen wollen und müssen. Die betreffen fast alle Russland. Tanu Tuwa gehört dazu und auch verschiedene andere nördliche Gebiete. Russland ist zu groß, es kann diese Gebiete auf keinen Fall dauernd kontrollieren. Schauen Sie sich die chinesische Einwanderung über den Amur an – täglich überqueren Tausende den Fluss, um auf der anderen Seite zu leben. Mittlerweile haben dort zahlreiche große Städte eine beachtliche chinesische Einwohnerschaft. Es entsteht dort viel neues, speziell unter den chinesischen Tongs bis hin zur Verwaltung. Es entschlüpft den Russen, ob sie es gerne haben oder nicht. Sie haben noch die militärische Kontrolle, aber die zivile Verwaltung ist ihnen mancherorts schon entgangen.

Auch mit Korea gibt es Probleme. Und dass die Rückkehr der Kurileninseln an Japan geboten ist, ist auch wahr.

Ist man sich in Europa dieser Problematiken bewusst?

Leider viel zu wenig. Die Leute, leider auch viel zu viele der Politiker, wissen überhaupt nicht, wie die Lage wirklich ist.

Nehmen wir den deutschen Bundestag. Es gibt in diesem Parlament keinen einzigen Abgeordneten, der ein Japan-Experte ist.

Das ist tragisch. Und wer weiß schon um die strategische Bedeutung der Kurilen[27]. Russland hat auf jener Seite nur einen einzigen wirklich großen und funktionierenden Hafen und das ist nun einmal Wladiwostok. Für die kommerzielle Seefahrt ist der Besitz der Kurilen für die Russen irrelevant. Für militärische Interessen ist das natürlich notwendig. Abgesehen davon, dass man so das gesamte Okhotsk-Meer kontrollieren kann, ist es auch möglich, einen Krieg im Pazifik so gut wie unbemerkt vorzubereiten.

Unsere eigenen Ressourcen

Ein sensibles Thema ist das der Energie. Sie haben bereits in den 70er-Jahren davor gewarnt, die Landwirtschaft zu vernachlässigen, sie könnte einmal nützlich sein zur Lösung von Energieproblemen.

Unsere Landwirtschaft hat in vielerlei Hinsicht ihren Nutzen nicht verloren, ganz im Gegenteil. Ich halte es verfehlt, wenn man eine Politik betreibt, die viele kleinern Bauern zwingt, ihre Höfe aufzugeben. Es ist immer wichtig, auf eine eigene Lebensmittelherstellung zurückgreifen zu können. Auch hat die Landwirtschaft ihre Funktion weit

---

[27] Die Kurileninseln sind eine ca. 1000 km lange Inselkette, die das russische Kamtschatka vom japanischen Hokkaido verbindet. Sie liegen zwischen dem Pazifik und dem Okhotsk-Meer. Russland hat die südlichen Kurilen 1945 besetzt, seither bildet diese Problematik einen ständigen Streitpunkt zwischen Japan und Russland.

darüber hinaus, nämlich nicht nur, dass sie uns selbst die Lebensmittel bereitstellen kann, sondern man kann auch internationalen Handel damit treiben, der in gewissen Zeiten sehr nützlich sein kann. Dazu kommt, dass meines Erachtens die große Zeit der Landwirte als Energieproduzenten erst kommen wird.

Landwirtschaft also auch als Sicherheit in Krisenzeiten?

Davon rede ich viel, beispielsweise in Ungarn, wo ich sehr viele Veranstaltungen abhalte. Die Bauern haben eine wichtige Aufgabe. Nicht nur für die Kultur, für die Pflege unserer Landschaft. Sondern ich predige dort immer, die Bauern zu erhalten, denn die sind lebenswichtig. Wir müssen immer in der Lage sein, ausreichend landwirtschaftliche Produkte zu produzieren, trotz des Geredes, dass wir große Überschüsse produzieren. Es ist jetzt schon so, dass man das während der Hongkong-Konferenz der WTO gesehen hat, was das bedeutet. Dann ist es wirklich ganz klar geworden, warum wir heute so sehr gedrängt werden, unsere landwirtschaftlichen Subventionen zu kürzen. Die Amerikaner, versuchen Druck auszuüben. Wohingegen sie selbst ihre Landwirtschaft, die nicht bäuerlich in unserem Sinn ist, subventionieren und große Überschüsse produzieren. Ich habe mich damals sehr angestrengt, die Franzosen zu unterstützen, um den Leuten klar zu machen, dass wenn man die Franzosen unterstützt, unterstützt man sich selbst, weil wir unsere Landwirtschaft auch erhalten müssen. Es ist diese leichtsinnige Art, darüber zu sprechen, wenn man sagt, auch hier bei uns, in der EU, die Franzosen seine zu starrsinnig, wenn sie so sehr auf ihre Landwirtschaft pochen. Es wäre reiner Wahnsinn, wenn wir die Landwirtschaft zugrunde gehen ließen. Ich stelle in Ungarn fest, dass man immer mehr an den neuen Möglichkeiten der Landwirtschaft interessiert ist. Und da haben wir ganz große Möglichkeiten. Wir dürfen nicht vergessen, dass es die Bauern sind, die uns in kritischen Zeiten am Leben erhalten. Unsere Städte leben vom landwirtschaftlichen Betrieb. Schauen wir doch mal nach Nürnberg, da liegt das sogenannte Knoblauchland davor, dann sieht man, wie wichtig das ist. Da sind diese kleinen Betriebe, die eindrucksvoll produzieren. Wir müssen auf alle Fälle die Landwirtschaft erhalten, denn sie ist überlebenswichtig. Das vergisst man allzu leicht in Friedenszeiten, man wird sie aber noch einmal brauchen.

Das spielt auch eine Rolle im Bereich der erneuerbaren Energie, der nachwachsenden Energie.

Beispielsweise das Getreide. Im Getreide haben wir heute eine große Energiequelle, die sich entwickelt. Was aus dem Boden kommt, ist nicht schlecht, im Gegenteil, es ist etwas Gutes. Daher müssen wir den Boden unbedingt erhalten, sei es für die Energieherstellung oder die Lebensmittelproduktion. Wir könnten sonst im Schatten der Datenverarbeitungsmaschinen verhungern. Ein Konflikt führt immer zum Erstarren der Gesamtwirtschaft. Und wenn man da keine eigene Lebensmittelproduktion hat, sieht es schlecht aus. Aber die Landwirtschaft ist auch eine Quelle der erneuerbaren Rohstoffe. Man sieht das, wie sehr doch der Rapsanbau zugenommen hat. Nicht dass ich vom Raps sehr begeistert bin, der große Nachteile hat, aber immerhin, er ist da und man braucht ihn heute. Man kann verschiedene andere Getreidearten auch sehr gut nutzen. Man kommt jetzt immer mehr darauf. Und es wäre wesentlich besser für die Umwelt, als alles andere.

Der Bauer findet also seine Aufgabe als Energielieferant?

Und das ist wichtig: Lebensmittel und Energie. Unsere Wirtschaft kann ohne Energie nicht leben. Die Wirtschaft ist auf Energie aufgebaut. Und daher müssen wir sehen, dass wir den Boden rationell nützen. In Deutschland wird es schwierig sein, weil es ein hochindustrielles Land ist, aber es gibt andere Staaten. Ich denke an Ungarn, Rumänien usw. Da kann man noch sehr viel entwickeln, da ist die Forschung bei weitem nicht so weit, wie sie sein sollte.

Auch bei anderen Energieformen. Es ist absurd, dass wir diesen hohen Verbrauch an fossilen Rohstoffen haben, obwohl wir damit äußerst sparsam umgehen müssten. Fossile Rohstoffe sind endlich. Die Forschung hat die nicht-fossilen Energien sträflichst vernachlässigt. Dabei wäre es längst möglich gewesen, mit der Entwicklung erneuerbarer Rohstoffe zu beginnen. Wir sind viel zu spät. Wir haben doch die Aufgabe, unsere Umwelt für die nächsten Generationen zu erhalten.

Es gibt gegenwärtig die Diskussion über den Klimawandel und auch über Kernenergie. Speziell in Deutschland haben wir eine seit Jahrzehnten vorhandene Ablehnung, in Österreich genauso. Welche Gründe hat das? In Frankreich nutzt man selbstverständlich die Kernenergie, in Ungarn ebenso.

Dieser Zustand ist die Folge einer systematischen Bearbeitung der Öffentlichkeit. Es gab und gibt ein Trommelfeuer der Propaganda gegen die Kernenergie. Das hat mehr mit der Explosion in Tschernobyl zu tun, über die Fehlinformationen vorliegen. Es ist leider eine Tatsache, dass die Deutschen leicht in Hysterie verfallen. In Frankreich sieht man das in der Tat ganz anders. Da wird dank der Politik von General de Gaulle eine vernünftige nationale Energiepolitik durchgeführt, das Land ist wenig abhängig von Energieimporten. Das war die große Leistung von General de Gaulle, der dies von Anfang an durchgesetzt hat.

Trotz der Diskussion über den Klimawandel, die man natürlich unterschiedlich bewerten kann, scheint die Rücknahme der Entscheidung, die Kernkraftwerke in Deutschland abzuschalten – geschweige denn der Ausbau der Kernenergie – für gewisse Politiker keine Option zu sein. Dabei haben wir in Deutschland die modernsten und sichersten Nuklearanlagen.

Das zeigt doch genau, dass die Diskussion durch Ideologie überlagert ist. Es ist absurd, darüber zu reden, wie man die Kohlendioxidemission reduzieren kann und dabei aber immer noch an den Kohlekraftwerken festhält. Aber in einer Demokratie muss man damit leben, dass Mehrheitsentscheidungen nicht immer die vernünftigen Entscheidungen sind

Viele Länder Europas beziehen Energieimporte, darunter auch Gas aus Russland. Der russische Energiegigant Gazprom drängt massiv auf die europäischen Märkte. Putin, der selbst promoviert hat über „Die strategische Nutzung von Ressourcen" scheut nicht davor zurück, missliebige Nachbarn unter Druck zu setzen, wie wir bei der Ukraine gesehen haben. Was bedeutet das für uns?

Das ist eine sehr gefährliche Entwicklung. Wir haben gesehen, was passieren kann. Gazprom ist in der Hand des Kreml und wird dazu eingesetzt, Politik zu machen. Und das, was mit der Ukraine oder Weißrussland geschehen ist, kann auch mit anderen Ländern passieren. Wir haben an anderer Stelle über die Entwicklung in Russland gesprochen. Daher ist es wichtig, dass wir in der Energiepolitik achtgeben, unabhängig zu bleiben.

IV.

Die Wurzeln nicht vergessen!

Europa, wie hältst Du's mit der Religion?

Manche Konfliktlinien im Nahen Osten sind auch durch die Religion bestimmt. Auch der Westen scheint in Konfrontation mit der arabischen, der islamischen Welt zu leben. Sie haben selbst viele der islamischen Länder bereist. Es ist bekannt, dass Sie den Islam sehr schätzen. Warum?

Ganz einfach: weil die Muslime noch an Gott glauben – im Gegensatz zu allzu vielen bei uns. Hier fürchtet man sich, vom Glauben zu sprechen. In vielen Gesprächen sieht man den Unterschied. Für mich war folgendes sehr typisch. Ich habe vor längerer Zeit, aus irgendeinem mir jetzt unverständlichen Grund alle Reden vom Reichskanzler Bismarck gelesen. Es war erstaunlich, was dieser für gute Formulierungen gehabt hat. Kaum eine Seite in diesen Bänden, mit allen seinen Reden im Reichstag oder woanders, auf der nicht von Gott oder von den christlichen Werten die Rede war. Bismarck hat sie nicht vorbildlich praktiziert, aber er hat davon gesprochen. Und wenn man es heute nimmt: Wer von unseren Politikern redet noch von Gott? Maximal ist in seltenen Sonntagsreden Rede von unseren christlichen Werten. Aber von Gott ist nicht die Rede. Und fast alle muslimischen Politiker beginnen jede ihrer Reden mit der Anrufung Gottes: Im Namen Allahs, des Allmächtigen und Barmherzigen! Das ist beeindruckend.

Nun, bei uns werden ja auch im Namen eines diffusen Humanismus und einer noch diffuseren Toleranz viele unserer christlichen Symbole aus dem öffentlichen Leben verbannt.

Ja, absolut. Das kann fatale Folgen haben.

Angefangen vom Gerichtsurteil, dass versucht wurde, die Kruzifixe aus den Schulzimmern zu verbannen. Jüngst hat es auch bei British Airways einen Beschluss gegeben, keine religiösen Symbole bei Angestellten zu dulden, d.h. ein Kreuz um den Hals ist ein Kündigungsgrund. Eine Stewardess hatte sich wohl geweigert, ihr Kreuz abzunehmen und sie verlor ihre Arbeitsstelle mit der Begründung, ihr Kreuz könne Gläubige anderer Religionen beleidigen. Haben wir keine Kraft, keine Überzeugung, kein Selbstbewusstsein mehr? Hat der Islam mehr Kraft als das Christentum in Europa?

Ich glaube, heute haben die Muslime mehr Kraft als die Christen, auch, weil sie länger unter Unterdrückung gelitten haben. Sie haben also noch etwas, für was sie kämpfen müssen. Und sie empfinden sich zum Teil bis heute unterdrückt. Das zeigt ja auch der Irak-Krieg – der vielen suggeriert, der Westen wolle immer noch den Islam unterdrücken. Wir haben hier nicht das Gefühl, um unsere Religion kämpfen zu müssen, und durch viele Faktoren in den letzten Jahrzehnten ist der religiöse Sinn schneller abgestorben als bei anderen. Nicht in allen Ländern. Man braucht sich nur die Polen vorzunehmen, die wissen, um was es geht. Da hat die Religion auch viel zur Befreiung des Landes von den Kommunisten beigetragen. Oder schauen Sie auf die Slowakei, auf Kroatien, das sind sehr religiöse Länder. Aber es ist gar kein Zweifel, bei uns ist momentan der religiöse Sinn ziemlich verschwunden, und das ist noch immer der Fall. Je mehr die Wegkreuze verschwinden, je mehr das Angelusläuten verstummt und ähnliche Symbole, desto mehr verschwindet auch die Religion aus dem Bewusstsein der Menschen. Viele solcher Zeichen sind weg, die aber bei den anderen noch ganz lebendig und selbstverständlich sind.

Wie wichtig sind diese Zeichen?

Ungeheuer wichtig. Denn man erlebt sie nicht, ohne davon einen Anstoß zu haben, das weiß ich aus eigener Erfahrung. Das Angelusläuten ist das, was einen immer wieder, in der Früh, zu Mittag, am Abend an Gott erinnert. Mir hat einmal ein Journalist erzählt, der von Kairo als Korrespondent für seine Zeitung nach Moskau versetzt wurde. Da ist ihm stets etwas abgegangen und zwar der Ruf des Muezzins zum Gebet, der in Kairo so oft über die Stadt schallt. Solche Zeichen sind so wichtig, weil sie uns doch immer an etwas Besseres erinnern. Und bei uns beginnen jetzt die Kirchenglocken stille zu werden. Es gibt Orte, wo es eine Reaktion dagegen gibt. Auch hier. Hier ist es auch eine Weile so gewesen, dass die Erinnerung an Gott schon weg war. Und man hatte einfach gemerkt, das diese neue Ruhe eine Leere bildet. Und das gilt auch für das Wegkreuz. Wenn man durch gläubige Landschaften fährt, diese Kreuze, die man überall sieht, die sind doch wunderbar. Die erinnern einem an etwas, und wenn man sie nicht mehr hat, wird man nicht mehr daran erinnert. Und man muss eben immer wieder auch etwas Höheres in unser Leben bringen.

Was ist Ihres Erachtens die Zukunft des Christentums in Europa?

Es hängt natürlich großteils von uns ab. Darüber müssen wir uns ganz klar sein. Wir haben alles, um es gut zu machen. Nicht nur die Menschen brauchen Gott, sondern Gott braucht auch die Menschen – das ist ein sehr wahres Wort. Er braucht uns und wenn man sich da nicht traut, von Ihm zu reden, ist das fatal. Die Kommunisten sprechen von ihren Sachen, die Extremisten lassen ihre Schlagworte hören – wer aber spricht noch von Gott? Allein schon dieser blödsinnige Gruß „Mahlzeit“ ist doch trübe, ein Ausdruck einer gewissen verfallenden Mentalität. Darum tue ich immer prinzipiell „Grüß Gott" sagen, weil man da noch etwas Höheres in das Gespräch einfließen lässt.

Auf der einen Seite verschwindet das Christentum aus dem öffentlichen Raum, im Namen einer diffusen Toleranz, die in Wahrheit keine ist. Auf der anderen Seite beobachten wir aber wieder eine Renaissance gewisser alter Frömmigkeitsformen. Die Menschen gehen wieder auf Wallfahrten, beispielsweise hat der Jakobsweg eine Resonanz wie schon lange nicht mehr. Zahlreiche Menschen, auch solche, von denen man es sich nicht erwartet, machen sich auf diesen geschichtlichen Weg ...

... ja, und auch viele, die nicht katholisch sind. Meine Frau hat in unserer Familie eine schöne Tradition eingeführt – jedes Mal wenn ein Enkel oder auch jemand anders 10 Jahre alt wurde, ist sie mit diesem einen Teil des Jakobsweges gegangen. Da haben wir viele Menschen getroffen, die nicht katholisch waren, Protestanten, auch nicht Getaufte, auch Muslime. Es ist ein Erlebnis.

Die Tradition lebt wieder auf. Man kehrt wieder zurück zu den alten Formen, weil diese doch eine große Spiritualität versprechen. Selbst jene intellektuellen Katholiken, die einst über die Volksfrömmigkeit die Nase gerümpft haben, kehren wieder zu den alten Erscheinungsformen zurück. Es gibt sogar wieder eine starke Bewegung für die alte, die lateinische Messe. Es steigt also wieder viel aus dem Boden hervor.

In Bezug auf die alte Messe müssen wir aber auch neue Formen finden. Es war sicherlich schade, dass die Kirche die lateinische Sprache aufgegeben hat, Aber man muss ja nicht alles auf Deutsch und auch nicht alles auf Latein machen, man kann sicherlich eine Form finden, bei der die Leute das noch alles verstehen. Aber die lateinische Sprache ist sicherlich universal, und deshalb sollte sie in gewissen Teilen der Messe eine Rolle spielen. Das war doch das wunderbare, egal, wo man auf der Welt war, wenn man in die Messe gegangen ist, hat man alles verstanden, weil es auf Latein war – genauso wie daheim. Das war noch ein gewisser Universalismus. Er hat für die ganze Welt gegolten. Aber wir können mit der Kirche sicherlich nicht zurückkehren in die Zeit vor dem Konzil, das wäre auch alles andere als vernünftig. Das Konzil hat seine wichtige Funktion gehabt und war auch notwendig gewesen.

Viele Kritiker sagen, dass im Konzil das Kind mit dem Bade ausgeschüttet wurde, gerade am Beispiel der Alten Messe, die in den letzten Jahren fast verboten schien.

Das haben gewisse Kreise gemacht. Denn, wenn man die Dokumente der Kirche, des Konzils nimmt – man wollte die alte Messe gar nicht aufgeben. Einige wollten etwas tun, was meines Erachtens vollkommen richtig war, nämlich die Kenntnis der Messe wieder näher an die Menschen heranzubringen. Aber daraufhin sind sofort die angeblich Fortschrittlichen weitergegangen und sind zum Extrem übergegangen. Und der Widerstand der Nichtextremen ist so flach gewesen, dass dann einfach die alte Form verbannt wurde. Es ist bedauerlich, dass die Kirche diesbezüglich nichts gemacht hat.

Was bedeutet für Sie der jetzige Papst, Benedikt der XVI.?

Ich will gerne zugeben, dass ich sehr glücklich darüber gewesen bin, dass Kardinal Ratzinger gewählt wurde. Er bedeutet erst einmal die Kontinuität der Linie, in der Johannes Paul II. gehandelt hat. Denn Johannes Paul II. hat neue Maßstäbe gesetzt. Seine vielen Reisen waren segensreich: damit ist er zu den Menschen gekommen und hat ihnen die Botschaft gebracht. Er hat eine mächtige Saat gelegt. Damit kann nun gearbeitet werden. Papst Benedikt XVI. kann jetzt etwas machen, er steht voll in der Kontinuität. Nach dem Tod von Johannes Paul II. hat schon eine Gefahr bestanden, dass jemand gewählt wird, der nicht in dieser Kontinuität steht und der dann die Früchte dieser Saat nicht ernten kann, aber wir können jetzt doch sehr froh sein. Gott sei Dank ist Joseph Ratzinger gewählt worden. Er ist eine große Persönlichkeit, ein großer Intellektueller.

So sehr er auch in der Kontinuität steht, immerhin war

er einer der engsten Mitarbeiter von Johannes Paul II. gewesen, so sehr unterscheidet er sich aber auch von seinem Vorgänger. Er hat eine andere Persönlichkeit. Und das erkennen die Menschen – mittlerweile hat er sogar mehr Besucher auf seinen Mittwochsaudienzen als sein Vorgänger.

Das verstehe ich aber. Er lehrt die Menschen und sagt zum Teil viel interessantere Sachen, Johannes Paul II. war halt doch in vielen Dingen ganz anders gewesen, aber es war notwendig so. Aber es ist doch einer der schönsten Beweise, dass der Heilige Geist so weit in die Kirche reicht, dass uns diese beiden Päpste geschenkt wurden. Und wenn Benedikt die Zeit gegeben wird, und das hängt von Gott ab, dann kann er unendlich viel Gutes bewirken. Außerdem war er ein Freund von Anfang an. Ich kenne ihn seit vielen Jahren. Ich hätte im April 2005 nie geglaubt, dass uns dieses große Geschenk gegeben wird, aber man hat dann schon gesehen, dass der Heilige Geist sich da mächtig eingemischt hat.

Seit wann kennen Sie den Heiligen Vater?

Ich kannte ihn schon, als er noch Theologieprofessor in Regensburg war. Später ist er dann Erzbischof von München gewesen, das war die Zeit meines ersten Europawahlkampfes im Jahr 1979. Ich hatte damals – bei meiner ersten Kandidatur – mit ziemlich viel Gegenwind, auch aus den Reihen der Christdemokraten, zu kämpfen gehabt, und da hat er mich unterstützt und bestärkt. Und später hat man sich auch hin und wieder mal getroffen.

Während des Konklaves waren Sie in den USA. Ihre Tochter Gabriela erzählte mir, dass sie Sie gefragt hätte – wie heißt der neue Papst – und Sie hätten gesagt, Benedikt!

Ich weiß, dass ich daran gedacht habe, aber dass ich das gesagt hätte, das wusste ich nicht mehr.

Könnte man sagen, dass dieser Papst in religiöser Hinsicht die Rettung für Europa ist?

Absolut. Schauen Sie die Begeisterung für ihn am letzten Weltjugendtag, die Begeisterung gerade der jungen Menschen für Papst Benedikt, das alles sind Vorboten eines neuen religiösen Erwachens. Weil die Leute doch heute fühlen, dass etwas fehlt. Ohne Gott gibt es nichts. Und er wird uns in Europa sehr viel geben. Darüber hinaus ist er weltoffen, nicht zuletzt in der Beziehung zum Islam und das ist fortan entscheidend wichtig.

Sie haben auch Papst Johannes Paul II. gut gekannt …

Gut gekannt wäre übertrieben, aber es war auf jeden Fall eine gleiche Ebene, auf der wir miteinander gesprochen haben. Ich habe auch versucht, ihn nicht zu sehr zu belasten. Man hat als Papst in diesem Amt furchtbar viel zu tun, und die Audienzen sind dermaßen zeitraubend, da habe ich mich etwas zurückgehalten.

Erinnern Sie sich noch an das erste Treffen, was Sie mit ihm hatten, kurz nach seiner Papstwahl? Das war kein halbes Jahr später, dass Sie da waren.

Ja, das war vor den Europawahlen. Ich hatte mich da an eine Tradition von Adenauer erinnert, der jedes Mal, wenn wichtige Wahlen anstanden, Briefe verschickt hatte, mit der Bitte um einen Gebetssturm. Ich wollte den Papst um einen Gebetssturm für einen guten Ausgang der Europawahl bitten. Da habe ich ihn zum ersten Mal getroffen und mit ihm darüber gesprochen und er hat sehr viel Verständnis gehabt, man hat gemerkt, dass ihm das auch am Herzen liegt.

Was haben Sie für einen Eindruck von ihm damals gehabt?

Ich bin sehr erleichtert gewesen, dass wir jemanden aus dem Osten gehabt haben, der eine praktische Erfahrung mit den Russen und mit dem kommunistischen System hat. Und außerdem ist ein Pole immer energisch, er ist manchmal ein bisschen allzu tapfer, aber er ist zuverlässig. Und das war er. Das hat er mir eben klar gezeigt, er hat das verstanden und wusste genau, wie man mit den Kommunisten umgehen muss. Außerdem hat er doch eine freundschaftliche Beziehung zu Habsburg gehabt, er stammt aus Galizien. Mit den vielen Seligsprechungen, die er vorgenommen hat, hat er auch immer versucht, jedem Berufsstand und jeder Gruppierung ein Vorbild zu geben. Er hat auch den Politikern in Europa ein Vorbild geben wollen, und da ist er auf meinen Vater gekommen[28].

Sie haben nach der Papstwahl 1978 einen Artikel geschrieben mit dem Titel „Lichter im Zentralkomitee", in dem Sie aufgegriffen haben, dass während der ganzen Nacht nach der Papstwahl sowohl in Warschau als auch in Moskau in den Zentralkomitees die Lichter angezündet waren.

Die haben das ja viel ernster genommen als bei uns. In der Regel haben die Russen und die Kommunisten viel langfristiger und viel realistischer gedacht wie viele unserer Politiker. Sie haben daher die Bedeutung der religiösen Bewegungen erkannt. Sie haben sich darauf vorbereitet, was der polnische Papst für sie bedeuten kann. Wir haben das dann gesehen beim Aufstieg der Gewerkschaft Solidarnosc. Man konnte diesen Papst aber nicht vernichten. Wir müssen auch an das Attentat auf den Papst denken, das ganz klar vom Osten aus gesteuert wurde. Johannes Paul II. hat unendlich viel geleistet für die Freiheit vom Kommunismus und der sowjetischen Besetzung Mitteleuropas.

Selbst Gorbatschow hat am Ende gesagt, dass ohne diesen Papst die Entwicklung so nicht möglich gewesen wäre.

Das ist auch wahr. Gorbatschow tut zwar alles, was irgend jemand gefallen kann, aber hier hat er einmal ausnahmsweise recht.

Gerade Menschen meiner Generation und vor allem jüngere haben den Papst Johannes Paul II. hauptsächlich krank in Erinnerung. Sie haben ihn noch erlebt, als er noch

---

[28] Kaiser Karl wurde am 3. Oktober 2004 von Papst Johannes Paul II. selig gesprochen. Es war die letzte Seligsprechungszeremonie, die dieser Papst vor seinem Tod vorgenommen hat.

ganz frisch war. Aber auch diese Krankheit, diese kranke Gestalt war sehr beeindruckend.

Ja, absolut. Dass er das alles durchgehalten hat! Er ist ja nicht mehr ganz gesund gewesen seit dem Attentat, denn dass der Ali Agca recht gut geschossen hat, ist klar. Aber der Papst war ein Phänomen, mit all der Kraft, mit der er sich aufrechterhalten hat. Und er hat einfach seine Pflicht erfüllt.

Beeindruckend war er auch bei der Seligsprechung Ihres Vaters am 3. Oktober 2004, im übrigen seine letzte Seligsprechung, die er vorgenommen hat. Der Papst war sehr, sehr krank, er konnte zum Teil nicht mehr selbst sprechen, sondern hat dann verlesen lassen. Aber man hat die enorme Kraft, die in ihm steckte gespürt, obwohl er fast eine körperliche Ruine war.

Aber er war bis zum Ende sehr klar im Kopf. Bei der Seligsprechung meines Vaters hat er mir selbst gesagt, dass man sich nicht zu sehr ärgern soll über die Angriffe auf Kaiser Karl – die es besonders in Österreich gegeben hat – man solle sich eher freuen, dass die anderen Nationen des Donauraumes eine große Verehrung für den seligen Kaiser pflegen.

Papst Johannes Paul II. hat auch die Weltjugendtage „erfunden“ ...

Und das ist eine geniale Sache gewesen. Es war doch immer sehr eindrucksvoll, die vielen jungen Menschen zu sehen, die zu ihm gekommen sind. Er hat unglaublich viele Menschen zur Religion geführt. Als er starb, war es doch beeindruckend zu sehen, dass binnen kürzester Zeit fast vier Millionen Menschen nach Rom kamen. In dem Zusammenhang haben wir auch in der letzten Zeit gesehen, dass so viele Menschen aus Mittel- und Osteuropa kommen, das heißt doch, dass der Glaube eine Zukunft hat. Wir müssen sie nur nutzen. Und was Johannes Paul angestoßen hat, das nutzt nun Papst Benedikt sehr stark.

Ihm liegt auch der interreligiöse Dialog sehr am Herzen. Die Aufregung um ihn war groß nach der Rede von

Regensburg. Da hat sich mancher gefragt, was er damit bezweckt.

Ich glaube, er hat wirklich eine Diskussion lostreten wollen. Und ich glaube auch, dass er gewusst hat, was geschehen wird, es ist mir auf jeden Fall so von mehreren Seiten gesagt worden. Bei seiner Intelligenz würde ich das am ehesten annehmen. Und es war auch genau das Richtige, denn sehen Sie, bei seinem Besuch in der Türkei, da ist doch genau das Gegenteil das Resultat gewesen, als sich mancher gedacht hat.

Dann war seine Berechnung also richtig.

Er ist ja ein sehr gescheiter Mensch und hat auch sehr viel diplomatische Bildung, daher tut er gewisse Sachen anders als andere Leute.

Was würden Sie sagen, was ist ein authentischer Dialog zwischen den Religionen?

Ich würde es so sagen – das ist aber meine Theorie, nichts anderes – der wichtigste Teil von dem Dialog ist erst einmal, dass man sich überhaupt trifft und zweitens, dass man sich dann über wesentliche Punkte näher kommt. Alle Religionen, sagen wir speziell die monotheistischen Religionen, haben eigentlich ein großes Ziel: die Anerkennung Gottes und die Treue zu Gott. Die Moslems geben uns doch da ein ganz großes Beispiel. Sie sind bereit, viel zu opfern für Gott, sie sind Gott sehr treu. Für sie ist Gott eine tägliche Realität. Dass sie manchmal fragwürdige Sachen tun, hat nicht unbedingt viel mit Religion zu tun, sondern mit religiösem Fanatismus wenn überhaupt. Außerdem sollten wir da sehr vorsichtig sein und uns nicht zu sehr über sie erheben. Denn immerhin ist es auch bei uns nicht so furchtbar lange her, dass es eigenartige Fanatiker gegeben hat.

Das ist wahr, es ist doch keine 50 Jahre her, dass an manchen Orten Katholiken nicht zugelassen haben, dass ein Protestant auf dem Dorffriedhof begraben wird. Und es war vielfach nicht denkbar, jemanden aus einer anderen Konfession zu heiraten.

Gott sei Dank, das gibt es nun bei uns nicht mehr. Aber das ist doch auch der beste Beweis, dass wir uns nicht so überheblich verhalten sollten. Wir haben selber solche Erfahrungen gemacht. Und wissen auch genau, dass Fanatismus nichts mit echter Religiosität zu tun hat. Und wir sollen uns darauf besinnen, dass wir sehr viel mit dem Islam gemeinsam haben. Da hat es doch auch den Seligen Raymund Llull gegeben, einen Gelehrten des 13. Jahrhunderts aus Mallorca, der festgestellt hat, der Islam sei nichts anderes als eine christliche Häresie. Nun mag mancher das Wort Häresie nicht so gerne hören, aber dennoch zeigt es, dass wir sehr viel gemeinsam haben. Für mich war einer der glücklichsten Tage, an den ich mich gerne zurückerinnere, der Tag an dem Johannes Paul II. nach Damaskus gereist ist und dort in der großen Moschee gebetet hat. Das war ein ganz bedeutender Schritt, denn das war sozusagen der sichtbare Ausdruck dem Islam gegenüber, dass man mit ihnen sprechen will, etwas machen will. Das ist unsere Aufgabe. Wir können doch gegenseitig voneinander lernen. Wir haben doch eine reelle Verbundenheit. Und im Islam gibt es doch viele gesunde Kräfte. Der Islam mit seinem tiefen Glauben ist geradezu die Negation des Verfalls. Daher können wir das auch nutzen für unsere geistige Erneuerung, die wir dringend brauchen.

Noch dazu sind die Beziehungen zum Islam belastet durch den 11. September 2001 und dessen Folgen.

Ja, natürlich, aber das ist schon unser Fehler in dieser Sache.

Die Diskussionen verlaufen hier doch reichlich vulgär – die landläufige Meinung ist doch die, dass jeder Muslim jemand ist, der einen Selbstmordgürtel trägt …

Darum tue ich auch immer, wenn ich öffentlich rede, die einfache Wahrheit sagen, dass im Kampf gegen den Terrorismus wesentlich mehr Moslems gefallen sind als Europäer. Schauen Sie doch auf Pakistan, das hat bis heute sehr viele Opfer im Kampf gegen die Extremisten gebracht.

Glauben Sie, die Moslems nehmen uns ernst? Wir sind säkularisierte Christen, reden wenig von Gott und sie sind gläubige Muslim, die ihre Religion ernst nehmen.

Gewöhnlich treffen sie auf Leute, die auch so sind wie sie. Das ist mir schon aufgefallen. Vor einiger Zeit habe ich in einer größeren deutschen Zeitung ein Interview gegeben und mich auch sehr stark für den Dialog mit den Muslimen ausgesprochen. Da habe ich ziemlich viele Briefe bekommen, Zustimmung aber wirklich nur von gläubigen Christen. Wenn man an seinen Gott glaubt, dann respektiert man auch, den anderen, der glaubt. Andere Leute wiederum haben mich beschimpft. Jemand der nicht mehr an Gott glaubt, den stört es auch, wenn der andere an Gott glaubt. Das Problem haben wir nicht nur im interreligiösen Dialog, sondern auch bei uns selbst. Aber diejenigen, die am wenigsten für Gott übrig haben, das sind auch die, die am lautesten die Gelegenheit wahrnehmen zu schimpfen und es am liebsten hätten, die Moslems hinter einer Mauer zu verstecken. Das wird dort verstanden und bei uns verstanden. Was da zum Beispiel die Jordanier tun mit ihrem Dialog der Religionen, die vor allem der frühere Kronprinz organisiert, ist ermutigend. Das sind solche Schritte, sind Beispiele, die bei uns wesentlich stärker gemacht werden sollten.

Was sagen Sie denjenigen, dass der Islam auch bei uns aber mit vielen negativen Erscheinungen auftritt, mit der negativen Erscheinung des Islamismus. Wie sollten wir damit umgehen?

Wir sollten zuerst einmal schauen, was wir selbst getan haben. Wenn man sich gedanklich nicht auf das gleiche Niveau mit den anderen stellt, kommt man nicht weiter.

Die Tendenz könnte aber dazu gehen, dass es Leute gibt, die sagen, dann gehen wir ganz weg von der Religion.

Wenn jemand so weit ist, ist es eh zu spät. Im Gegenteil, wenn wir miteinander reden, dann können wir vieles zusammen erreichen. Wir müssen eine Weltallianz zwischen den monotheistischen Religionen bilden, dann können wir große Siege gegen die Beeinflussung der Gesellschaft durch den Atheismus erreichen.

Ist es überhaupt möglich, ein Gespräch unter den Religionen zu führen, dass über ein Gebet hinausgeht?

Ja, ohne weiteres. Es gibt natürlich Unterschiede. Ich würde sagen, Gott hat in Seinem Garten viele Pflanzen. Oder man kann es auch so ausdrücken: Gott ist in der Mitte, und dann gibt es eine Reihe von Wegen, die zu Ihm führen. Der unsrige ist der Beste, davon bin ich überzeugt. Aber jeder kann zu Gott kommen, und auf dieser Grundlage müssen wir arbeiten. Es gibt Fußwege zu Gott, Feldwege, normale Straßen oder auch Autobahnen. Da es die Leute mit dem Fußweg viel schwieriger haben als wir, wenn sie es erreichen wollen, sind sie diejenigen, die am meisten Verdienst haben.

Im gemeinsamen Gespräch braucht es natürlich Toleranz, ich achte den gläubigen Muslim, er achtet mich und meine Glaubensausübung. Wie kommen wir aber dazu, dass wir auch die unterschiedlichen Diskussionskulturen zueinander bringen? Wir haben eine lange abendländische Tradition. Die vier Evangelien wurden von Lukas, Markus, Matthäus und Johannes aufgeschrieben, sicher mit göttlicher Inspiration, aber auch als Augenzeugen oder auf Berichten von Augenzeugen sich berufend. In der abendländischen Theologie wurde viel verglichen und diskutiert, sodass die Diskussion über den Glauben bei uns eine große Tradition hat. Jüngstes Beispiel ist auch das Buch des Papstes über Jesus, mit dem er sich selbst der Diskussion stellt. Im Gegenzug dazu ist es für Muslime eine Tatsache, dass Gott dem Propheten Mohammed den Koran selbst diktiert hat. Der Koran ist also göttliches Wort und damit nicht diskutierbar. Wie sollen wir damit umgehen?

Das ist natürlich anders. Aber mit dem liberaleren Teil des Islams lässt sich sehr gut diskutieren. Wir dürfen nicht vergessen, dass der Islam auch kein monolithischer Block ist, sondern mindestens ebenso viele Ausprägungen wie das

Christentum hat. Wir sollten mit ihnen mit Respekt diskutieren und nicht so von oben herab, wie es auch bei manchen unserer Theologen der Fall ist. Natürlich müssen wir davon überzeugt sein, dass unsere Kirche in der Wahrheit ist, alles andere wäre Heuchelei, das erlaubt uns aber noch lange nicht, die intellektuelle Nase über andere zu rümpfen. Auch die anderen glauben, in der Wahrheit zu sein, und daher müssen wir respektvoll miteinander sein und nicht zu sehr auf die anderen herunterschauen.

Sie sind Mitglied der Academie Royale du Maroc, einer der führenden islamischen Akademien? Wie kam es dazu?

Weil ich ein Mitbegründer war. Ich war von Anfang an dabei. Schon damals habe ich ziemlich viele islamische Kontakte gehabt, zwar eher in den Raum des Mashrek, aber auch in den Maghreb. Mit den Marokkanern haben wir aber sehr gut reden können. Ich habe den früheren König Hassan sehr gut gekannt. Und da ist es halt dazu gekommen, dass ich mit dabei war. Und ich muss sagen, die Academie Royale ist wirklich ausgezeichnet. Sie strahlt sehr hinein in die islamische Welt. Und ich bin auch nicht der einzige Christ darin.

Auch in Europa haben wir einen Islam, in Bosnien, in Albanien …

Und wir sehen doch, dass es dort großartige Menschen gibt. Nehmen Sie zum Beispiel den Großmufti von Sarajewo, Dr. Mustafa Ceric, ein ausgezeichneter und hochintelligenter Mann. Oder meinen Freund Ibrahim Rugova[29], diesen großen Freiheitshelden des Kosovo, der uns soviel gegeben hat, und der uns heute sehr fehlt.

Wir dürfen in der Diskussion nicht vergessen dass es auf dem Balkan zuerst die Christen waren, die den Muslimen die Hälse durchgeschnitten haben im letzten Balkankrieg um den Zerfall Jugoslawiens. Die Orthodoxen sind zuerst auf die Muslime losgegangen …

---

[29] Dr. Ibrahim Rugova, 1944–2006, seit 2002 Präsident des Kosovo. Er galt als Symbolfigur des gewaltfreien Widerstandes gegen die serbische Unterdrückung und wurde der Gandhi des Balkans genannt. Mit Otto von Habsburg verbindet ihn eine lange Freundschaft.

In der Tat. Aber es ist sehr wichtig, dass das Zusammenleben der verschiedenen Religionen in dieser Region gelingt Es gibt schon sehr viele gute Anzeichen. Nicht immer ist es sehr einfach, aber zwischen den Katholiken, den Muslimen und den Juden funktioniert es ganz gut und es wird immer besser gehen. Mit den Orthodoxen ist es halt sehr schwierig, aber das ist keine neue Erfahrung. Auch da gibt es ausgezeichnete Leute. Ich denke da zum Beispiel an Bischof Teodosi aus dem Kosovo. Aber mit den Muslimen ist es leichter und mit den Juden auch.

Juden gibt es leider nicht mehr sehr viele dort. Die ohnehin schon kleine jüdische Gemeinde von Sarajewo wurde während des Krieges noch mehr dezimiert.

Leider. Aber sie spielen dennoch eine Rolle. Im interreligiösen Rat von Bosnien und Herzegowina führt ein Jude den Vorsitz. Das ist sehr geschickt, der kleinsten Gemeinschaft den Vorsitz zu geben. Wir können überhaupt gut mit den Juden zusammenarbeiten, das habe ich immer erfahren. Wissen Sie, manchmal ist es sogar noch viel schöner, mit den anderen Religionen zu arbeiten, als mit der eigenen. Sogenannte „aufgeklärte" oder progressive Katholiken sind doch schwer erträglich.

Wie meinen Sie das?

Das sind die, die alles aufgeben wollen, alles wegstreichen wollen, sich nur an die anderen anpassen wollen. Das führt doch zu nichts. Auch da zeigt sich unser religiöser Verfall. Und dieser Verfall trifft uns direkt, denn die Religion ist doch am Schluss das Wichtigste, denn das ist die Wurzel, das ist der Kontakt zur Realität und wir müssen halt trachten, das zu erhalten und zu pflegen. Und wir müssen immer an die göttliche Vorsehung glauben, dann kann eigentlich nichts passieren.

Sie waren über 20 Jahre im Europaparlament und ein leidenschaftlicher Parlamentarier. Aber auch vor ihrer ersten Wahl im Jahr 1979 und nach dem Ausscheiden aus dem Parlament 1999 waren und sind Sie politisch tätig. Was ist für Sie eigentlich der Antrieb für die Politik?

Erst einmal die Verpflichtung gegenüber den anderen, d.h. gegenüber den Mitmenschen, mit großem Einsatz natürlich für die Landsleute. Aber das geht auch darüber hinaus, – wenn man mein europäisches Engagement nimmt, da waren auch die Balten, mit denen ich ursprünglich nichts zu tun hatte, meine „Landsleute". Zwar hatte ich einiges mit ihnen schon während des Krieges zu tun, aber eigentlich sind sie außerhalb meines Raumes. Mich haben verschiedene Leute gefragt, warum ich mich überhaupt für die Balten eingesetzt habe. Aber das war für mich ganz selbstverständlich. Ich habe mich auch für die Tschetschenen eingesetzt, obwohl ich niemals ein Tschetschene war. Das war aber ganz klar für mich.

Sie haben sich in den früher 80er-Jahren eingesetzt, dass der Fall der drei baltischen Staaten, Litauen, Lettland, Estland vor den UN-Dekolonisierungsausschuss kommt, haben sogar erreicht, dass das Europaparlament dazu eine Resolution durchsetzt. Man konnte das damals noch nicht absehen, aber das hat für die baltische Befreiungsbewegung eine große Bedeutung gehabt.

Wissen Sie, das war doch selbstverständlich. Ich erinnere mich, dass ich, als ich während des Krieges in den USA war, viel herumgezogen bin, um verschiedenen Politikern vom Leid meiner Landsleute und über die österreichische Causa zu berichten. Am Anfang hat mir kaum jemand zugehört, es war unendlich mühsam. Irgendwann einmal habe ich dann doch einen Senator aus einem weniger bedeutenden Bundesstaat gefunden, der mir sein Ohr geschenkt hat. Und da habe ich mir geschworen, dass wenn ich irgendwann einmal etwas für Völker tun kann, die in meiner Lage von damals gewesen sind, dass ich das dann auch tue. Und das war so bei den Balten gewesen.

Was treibt Sie noch an zur Politik?

Da ist die Verantwortung, die einfach da ist. Man darf nicht vergessen, eine Familie, die über 600 Jahre in der Politik ist, die hat einfach politische Gene. Politische Gene sind aber, wenn sie richtig verstanden werden, die eigene Verpflichtung, die Verantwortung gegenüber den anderen. Und die hat mich auch in den dunkelsten Stunden gehalten. Wenn ich auf mein eigenes Leben zurückblicke, gerade in den USA, da habe ich schöne, auch scheußliche Zeiten erlebt. Ich wurde von so manchen wie der letzte Hund behandelt. Mit Präsident Roosevelt bin ich sehr gut gestanden, aber viele Leute haben mich schief angeschaut. Die politische Propaganda gegen Österreich war wirklich intensiv und daher war es unendlich schwierig. Die Russen hatten einen mächtigen Propagandaapparat, aber auch deren intimer Verbündeter, der spätere tschechische Präsident Eduard Beneš. Dieses hatte sehr viel Geld zur Verfügung, da ihm der tschechische Präsident, ein ehrbarer Patriot, in den Tagen vor Hitlers Einmarsch in Prag aus dem Schatz der Nationalbank eine gewaltige Reserve an Geld nach London überwiesen hatte. Dieses Geld erlaubte Beneš, seine Arbeit durch den ganzen Krieg hinweg zu finanzieren. Auf der Gegenseite hatte Kanzler Schuschnigg keine solche Maßnahmen ergriffen, sodass auf der Seite von Österreich alles Geld weggefallen ist, was uns zwang, die Arbeit für Österreich aus Spenden und privaten Quellen zu finanzieren – oder, wie es ein tschechischer Offizier lachend bemerkte, eine Schlacht mit Wasserpistolen gegen Panzer zu führen.

Wenn Sie heute einen Rat an Politiker geben wollten oder an junge Menschen, die sich in der Politik engagieren wollten, was würden Sie denen raten?

Erst einmal Sprachen zu lernen. Das ist das allerwichtigste, denn dann wird man von anderen als zu ihnen gehörig aufgenommen. Das war im Europaparlament einer meiner größten Vorteile, dass ich zum Beispiel von den Franzosen immer als Franzose angesehen worden bin, von den Spaniern als Spanier etc. Und das ist so weitergegangen. Bei den Ungarn ist das goldeswert gewesen, denn ich war der einzige im Parlament, der ungarisch konnte, zu dem die Kommunisten kommen mussten, ob sie mich gern gehabt hatten oder nicht. Also Sprachen, das ist das erste.

Geografie muss man auch lernen. Denn die geografischen Gegebenheiten ändern sich nicht und bedeuten sehr viel in der Politik eines Landes. Leider sieht man heute, dass viele Leute Geografie nicht mehr kennen. Geschichte, das ist sehr wichtig, weil sich doch die Sachen häufig wiederholen, und weil man immer wieder Argumente aus der Geschichte holen kann. Das sind sozusagen die Vorbedingungen, die Wissenschaften, die man dringend studieren sollte. Außerdem würde ich sagen, dass diese gewissen politologischen Sachen kaum etwas wert sind, das kann man genauso gut vergessen. Die geben einem auch gar nichts.

Manches lernt man dann dazu. Aber wenn man die Menschen nicht gern hat, dann soll man nicht in die Politik gehen, denn man bekommt schon manchmal arge Schläge. Aber wenn man die Leute gern hat, dann ist das auch wieder etwas sehr schönes. Ich gehe gerne in Bauernversammlungen oder ähnliche, mir machen die Versammlungen einen Riesenspaß, weil ich da mit Leuten in Kontakt komme, die ich sonst nicht treffen würde, die mir oft sehr viel geben und denen man vielleicht selbst sehr viel geben kann, das ist halt sehr wichtig. Wenn ich mich frage, was für einen Beruf man wählen kann, dann sehe ich eigentlich – speziell, wenn man schon so alt ist wie ich – nur zwei Berufe, die einem nur Freude machen: Entweder Priester oder Politiker zu sein. Beides heißt arbeiten für andere, denn Arbeit für sich selbst ist etwas nie so erfrischendes. Ich muss mir oft sagen, wenn ich die alten Pfarrer so sehe, wahrscheinlich sind die sehr glücklich über ihren Beruf, weil sie etwas für andere getan haben. Das macht dann auch länger leben …

Es gibt Untersuchungen, dass Priester und Ordensleute im Durchschnitt länger leben als normale Menschen …

Es ist auch vollkommen verständlich, weil sie innerlich zufriedener sind. Und die Politiker, wenn sie wirkliche Politiker sind, sind auch zufrieden mit ihrer Tätigkeit. Man kann sich an Leute erinnern, man hat sehr viel zum Erinnern und man hat auch sehr viel zum Vorausschauen.

Wie sehen Sie denn die heutige Politikergeneration?

Nicht besser und nicht schlechter wie die frühere, obwohl die heutige vielleicht etwas dynamischer ist wie die frühere. Die frühere hat den Vorteil gehabt, lebendigeren Kontakt zu den Menschen gehabt zu haben. Da hat die heutige Politikergeneration einen ganz gewaltigen Nachteil. Sie hat längst nicht mehr diese lebendige Politik, die Menschen wie ich noch erlebt haben. Da haben wir Leute gehabt, an deren Interessen wir geglaubt haben oder die man gekannt hat, die einen selbst gekannt haben. Heute muss man sich hinknien vor irgendeinem Parteibürokraten, den man von Herzen verachtet, damit man auf die Liste gesetzt wird. Politiker ist heute nicht mehr Einsatz aus Passion, sondern ist ein Beruf wie viele andere. Und das ist eigentlich eine schlechte Entwicklung. Wir sehen immer mehr Parteipolitiker, die nie einen anderen Beruf ausgeübt haben. Die haben keinen Kontakt mehr zur Wirklichkeit, zum normalen Leben. Es hat sich eine eigene, eine bürokratische politische Klasse entwickelt.

Sind unsere Parlamente also voll mit Bürokraten?

Ganz so arg würde ich das nicht sehen. Aber die Tendenz geht schon sehr stark in diese Richtung. Als das Europäische Parlament zum ersten Mal zusammengetreten ist im Jahr 1979, da hat es in seinen Reihen noch viele manuelle Arbeiter gegeben, speziell aus England. Und auch Bauern. Das hat nun aufgehört. Dabei ist das aber etwas ganz wichtiges, dass wir Leute haben, die noch einen gewissen

Kontakt zum Boden haben, weil das auch die Politik prägt. Menschen, die mit der Erde zu tun haben, haben oft die bessere politische Intuition, als die, die nur den Asphalt kennen. Das ist das gleiche, wie mit den Bauern, die trotz aller Schwierigkeiten, die sie haben, eine erfüllte Aufgabe haben – sie haben etwas getan, was nicht nur für sie selbst, sondern auch für die anderen von Nutzen ist. Der Bauer bewegt etwas, weil, wenn er einmal nicht mehr hier ist, verhungern die Leute. Man kann das auch mit einem Politiker vergleichen, wenn er wirklich den Beruf als Berufung sieht, dann hat er sehr viel schönes, weil er eben dann das Gefühl hat, ich kann etwas bewegen.

Dennoch leben wir seit einigen Jahren mit einem ständig sinkenden Vertrauen in Politik und in Politiker.

Das müsste nicht sein. Es ist aber auf der anderen Seite auch ganz klar, dass es da neiderfüllte Parallelberufe gibt. Der Parallelberuf zum Politiker ist der Journalist, wenn er nicht ein Journalist aus Passion ist. Die Leute bewegen die Medien und schauen mit Neid auf den Politiker, weil der glaubt, dass er alles erfunden hat, dass er das Gefühl hat, er hat etwas getan. Der Journalist kann nur so einen Nebenraum besetzen, er muss berichten und kann nichts selbst tun.

Spielen also gewisse Journalisten und Medien eine große Rolle bei der schlechten Resonanz auf die Politik?

Heutzutage ja. Eine mächtige Phalanx ist in der Lage, die Politiker zu diskriminieren. Andererseits helfen sie natürlich auch wieder, einen Politiker aus dem Nichts herauszuholen. Wir haben das doch gerade in Frankreich erlebt. Der dritte Kandidat für die Präsidentschaftswahlen, Francois Bayrou – das war doch ein reiner Medienzauber. Sowohl Sarkozy als auch Segolene Royal, beide haben etwas, eine Aufgabe, ein Ziel, aber Bayrou hatte wenig oder nichts, er wurde nur von den Medien gemacht. Aber zurück: Als Politiker steht man zwar auch unter vielen Zwängen, aber wenn man sein Mandat direkt gewonnen hat, dann ist man ein freier Mann, unabhängig von der Partei. Darum bin ich absolut für das Persönlichkeitswahlrecht, weil man da bessere Politiker bekommt.

Mitunter hat man den Eindruck, dass wir doch heute eher mittelmäßiges Personal haben.

Aber das ist, weil heute ganz stark durch Funktionäre innerhalb der Partei selektioniert wird.

Also ist das mittelmäßige Personal in der Politik ein Problem des Listenwahlrechts?

Es ist immer das gleiche. Das Persönlichkeitswahlrecht wird immer bessere Leute produzieren, allein weil wir mehr Bürgermeister haben werden. Schauen Sie doch, wie das bei den Kommunalwahlen ist, wo die Bürgermeister direkt gewählt werden. Der Bürgermeister hat fast die schönste Aufgabe der Politik, weil er vor dem eigenen Haus gegenüber dem eigenen Nachbarn für seine Beschlüsse gerade stehen muss. Eine schöne Sache. Ich habe immer wieder beobachtet, dass die besten Parlamentarier Bürgermeister oder ehemalige Bürgermeister sind.

Davon gibt es leider zunehmend weniger.

Weil es auch wieder ein Beruf geworden ist. Und weil man die beiden Positionen ausschließt. Besonders grotesk finde ich die Entscheidung des Europäischen Parlamentes, dass man als Europaabgeordneter nicht mehr gleichzeitig Bürgermeister seines Ortes sein kann. Wir hatten das zwar nie in Deutschland, aber bei französischen Abgeordneten hatten wir das sehr oft. Einfach eine groteske Entscheidung.

Kann man sagen, dass die Parteien mit dem Festhalten am Listenwahlrecht die Partitokratie fördern und wird das die Demokratie ersticken?

Ja, und das tut sie auch. Das ist die große Gefahr, der wir gegenüberstehen. Die Partitokratie ist das Gegenteil der Demokratie. Es hat sich eine neue Schicht von Funktionären, von Bürokraten gebildet, die nicht mehr viel mit Demokratie zu tun hat. Aber das ist alles nicht neu. Ich denke bei dieser Entwicklung gern an die Zeit der Priesterherrschaft im alten Ägypten, die fast 300 Jahre gedauert hat. Die Priester hatten damals eine eigene Sprache entwickelt, die nur von ihnen gesprochen werden durfte, von niemand anderem. Wenn jemand, der nicht Priester war, versuchte, die Sprache zu lernen, wurde er hingerichtet. Und das hat als Folge gehabt, dass eine Kaste entstanden ist, die sich gehalten hat, weil sie den Machthebel in ihren Händen gehabt hat. Heute ist es doch ähnlich, wir haben eine Sprache der Bürokratie, auch in den Parteien, die kaum einer mehr versteht. Man verhunzt die Sprache so, auch mit Worthülsen, dass die Leute nichts mehr verstehen.

Sie können ja nicht einmal mehr, wenn sie eine normale Bildung haben, den Abendnachrichten folgen.

Die Sprache der Bürokraten ist nicht mehr verständlich. Nehmen wir doch einmal das, was die Bürokratie ausspuckt, das ist doch unverständlich. Ein normaler Gesetzestext ist doch kaum mehr zu verstehen. Von der Kaiserin Maria Theresia ist ein wunderbarer Satz überliefert: „Ein Gesetz ist erst dann legitim, wenn es noch der letzte Schweinehirt in Galizien verstehen kann." Da steckt sehr viel Wahrheit drin. Wir müssen uns nicht wundern, wenn sich die Menschen immer mehr von der Politik entfernen.

Wie kommen wir aus dieser Situation heraus?

Politik muss wieder als Berufung statt als Beruf gemacht werden. Viele Politiker sind so wie Beamte, Bürokraten geworden, mit der gleichen Weltsicht. Dabei sollte er gelegentlich etwas anderes im Kopf haben. Aber durch das Listenwahlrecht wird so was nur gefördert. Durch die Liste verliert der Wähler den Kontakt zum gewählten und umgekehrt, und das ist sehr gefährlich. Wir kennen doch heute unsere Abgeordneten gar nicht mehr.

Ich habe in den späten 20er-Jahren eine Geschichte erlebt, die in diesem Sinne sehr instruktiv ist. Es hat seinerzeit in Frankreich eine Krise gegeben und das Parlament hat getagt. Vor dem Parlament war eine aufgebrachte Menge, bereit dazu jeden, der aus dem Gebäude herauskam, gleich zu verprügeln und in die Seine zu werfen. Ich erinnere mich sehr gut daran, denn ich stand mitten drin. Es kam dann ein Abgeordneter aus dem Palais Bourbon, und die Leute haben sich auf ihn gestürzt. Aber dann hat jemand auf einmal gerufen: „Den nicht, denn das ist mein Abgeordneter!" Die Menschen haben damals ihre Abgeordneten gekannt. Sie sind nicht über die Liste hereingekommen, sie wurden direkt gewählt, mussten sich um ihr Mandat in ihrem Wahlkreis bemühen, und wenn man das machen muss, dann wird man bekannt und wenn man sich bewährt, haben die Menschen Vertrauen zu dem von ihnen berufenen Mandatar. Daher die Überlegenheit der vom Wähler persönlich bestimmten Volksvertreter.

Wenn wir also nicht zum Persönlichkeitswahlrecht zurückkehren, dann geht also diese Entwicklung weiter ...

... Und wird langsam zu einer Priesterherrschaft werden, wie im alten Ägypten. Wir werden unter den Bürokraten leiden. Wir haben auch kaum mehr Beamte im klassischen Sinne. Diese Nobilität des Beamten, der ganz etwas anderes ist wie ein Bürokrat, das hat eigentlich erst im Ersten Weltkrieg sein Ende gefunden. Damals hat man noch den Beamten geachtet. Heute achtet man ihn nicht mehr. Man hat den Ehrenkodex des Staatsdieners zerstört.

Gibt es noch die Gefahr eines neuen Totalitarismus? Sie warnen immer wieder davor, auch in Berufung auf das Buch von Jean Francois Revel: „La tentation totalitaire" (Die totalitäre Versuchung). Sind wir nahe daran, dass unser freiheitliches System umkippt?

Wir sind sehr nahe dran, dass auf einmal eine Explosion die Folge ist. Darum müssen wir alles machen, damit das nicht kommt. Das würde wahrscheinlich noch etwas Ärgeres sein als früher, weil die Instrumente der Macht noch mächtiger sind wie damals. Es wird dann zur reinen Versklavung der Bevölkerung führen.

Wird diese totalitäre Versuchung von der extremen Rechten kommen oder von der extremen Linken?

Beides ist möglich, oder auch neue Formen. Es ist eine rein negative Reaktion. In manchen meiner Reden habe ich festgestellt, dass die Leute schon deprimiert sind. Es kommt immer wieder die Frage, es ist alles korrupt, es funktioniert nichts mehr, wäre es da nicht besser, dass ein starker Mann oder eine starke Frau hier Ordnung schafft?

Die Korruptheit mancher Stellen ist evident, und viel zu wenig wird darüber gesprochen. Es hat mich wirklich sehr erstaunt, dass die öffentliche Entrüstung über die hochbezahlte Stellung des ehemaligen Bundeskanzlers Schröder bei dem russischen Energiekonzern Gazprom so kurz, nachdem er sein Amt verlassen hat, so rasch vorüber war und keine schärfere Reaktion hervorgerufen hat. Wenn man in diesem Fall eins und eins zusammenzählt, dann stinkt es nach Korruption. Er hat das Geschäft selbst noch als Regierungschef eingefädelt und übernimmt unmittelbar nach seiner Wahlniederlage einen Posten in der Gazprom.

Darum ist es erschütternd, dass zahlreiche Leute das als selbstverständlich betrachten. Weil sie sich schon sagen, die Politiker sind ohnehin korrupt, was macht das schon. Etwas Ähnliches ist es auch mit diesen ganzen Prozessen gegen diverse Wirtschaftsmanager. Es gibt nur kurze Entrüstungen, aber am System wird nichts kritisiert. Das wird uns noch einmal teuer zu stehen kommen.

Gibt es heute einen anderen Stil im politischen Umgang miteinander. Man versucht sich doch immer weniger mit den Argumenten des Gegners auseinander zu setzen, anstatt dessen versucht man, ihn zu demoralisieren.

Da spielen aber wieder die Massenmedien eine große Rolle, die eine ganz neue Dimension in die Debatte hineingebracht haben. Die Medien erzwingen nur zu oft diese Form der Auseinandersetzung, auch diese gewisse Sprache aus Schlagworten. Man erklärt die Sachen nicht mehr, man erschlägt den Gegner. Daher das sinkende Niveau so mancher politischen Debatten.

Findet die politische Auseinandersetzung anstatt im Parlament nun in den Talkshows statt?

Ja, leider. Und es ist geradezu ein Glück und erfrischend, wenn man gelegentlich Politiker findet, die das nicht tun. Aber der Stil verkommt immer mehr. So wird alles Mögliche gemacht, nur nicht Politik im wahren Sinn des Wortes.

Wie können wir denn wieder zurückfinden zu einem positiven Stil, zu einem Persönlichkeitswahlrecht?

Man muss versuchen, die Wähler zu überzeugen. Aber dies ist natürlich sehr schwierig. Ich kann da eine Geschichte erzählen, die mir passiert ist, vor langer Zeit. Da war ich in Österreich eingeladen zu einer Diskussion über Wahl und Wahlrecht. Ich habe das Persönlichkeitswahlrecht vertreten. Ich war allein, außer mir hat niemand dafür plädiert. Man hat bei der Veranstaltung sehr viel von dem guten niederösterreichischen Wein getrunken, und je mehr man getrunken hat, desto ehrlicher ist man geworden. So ziemlich am Schluss der ganzen Debatte hat dann der Diskussionsleiter, ein Parteibonze, gesagt: „Sie müssen doch das verstehen. Schauen Sie alle hier an. Schauen Sie mich an. Glauben Sie, dass einer von uns gewählt wäre, wenn es ein Persönlichkeitswahlrecht gäbe?“

Kürzlich hat Friedrich Merz in der Zeitschrift „Cicero“ einen Beitrag geschrieben mit einigen Anmerkungen zu seinem Rückzug aus der Politik. Auf ebenso humorvolle wie eindringliche Weise antwortet er seinen Kritikern von den „Grünen“, die ihn aufforderten, nun doch gleich sein Bundestagsmandat zur Verfügung zu stellen. Er habe, im Gegensatz zu fast allen Politikern der Grünen, sein Mandat direkt gewonnen, wohingegen man bei den Grünen sich ordentlich in der Partei hochdienen müsse, um ein Mandat zu erhalten. Ich finde es erstaunlich, dass gerade jene, die sich die große Demokratie auf die Fahnen schreiben, so undemokratisch sind. Aber vielleicht liegt es auch daran, dass kaum einer von denen in einem Persönlichkeitswahlkampf bestehen würde und das hat auch wenig mit der Partei zu tun. Zu beobachten ist auch, dass immer mehr es schaffen, direkt von der Universität ins Parteisekretariat zu wechseln – ohne einen richtigen Beruf auszuüben. Und dann landen sie oft auf der Liste der Partei und bekommen ein Mandat, wenn sie brav waren.

In der Tat, das geht auch Hand in Hand mit der ganzen Jugendtümelei.

Wo wir nun schon bei der Jugend sind, Sie haben über die Forderung nach dem Persönlichkeitswahlrecht hinaus, noch einen anderen Vorschlag …

… das Kinderwahlrecht, das ist eine Sache, an die ich glaube. Aber das ist natürlich schon jenseits des Niveaus der Politiker, denn da müssten sich eigentlich die Kirchen mehr darum kümmern. Aber in der Politik würde das viel, viel ändern. Wir geben jedem das Wahlrecht, warum nicht auch den Kindern. Es müsste natürlich bis zu deren Volljährigkeit von den Eltern ausgeübt werden, aber es wäre echt demokratisch. Und auf einmal würden wir sehen, dass wir nun zu einer echten Familienpolitik kommen, denn dann würden die Politiker mit heraushängender Zunge den Familien hinterherlaufen. Aber für die Kirchen wäre das wichtig, dass sie sich dafür einsetzen.

Es hat vor einiger Zeit eine Initiative zum Kinderwahlrecht im Bundestag gegeben, sogar getragen von Abgeordneten verschiedener Parteien. Aber leider ist diese Initiative abgelehnt und auch sehr stark zerredet worden. Dabei wäre das sehr hilfreich. Im Moment wird viel über Familienpolitik diskutiert, die Diskussionen treffen aber nicht den Kern. Familienpolitik besteht im Augenblick offensichtlich nur darin, möglichst viele Kinderkrippen zu schaffen.

Aber ich glaube, das ist eine wohlwollende Katastrophe. Wir müssen wieder zu einer echten Familienpolitik kommen. Und das geht auch mit dem Kinderwahlrecht. Überhaupt, es sind diese beiden Dinge, die nicht viel kosten – das Persönlichkeitswahlrecht und das Kinderwahlrecht, mit diesen beiden Entscheidungen können wir schon viel zum Erhalt unserer Demokratie tun. Dies entspräche nicht nur der politischen Weisheit, aber auch der Erhaltung unserer Bevölkerung.

Wo liegt Mitteleuropa?

Mit dem Fall des Eisernen Vorhangs und der Erweiterung der Europäischen Union sind viele Länder wieder nach Europa „zurückgekehrt", wie man so gerne sagt. Dabei hat man vergessen, dass diese Länder vielmehr das Zentrum unseres Kontinentes sind und nicht die Peripherie. Nun rückt Mitteleuropa wieder stärker in das Bewusstsein. Für Sie ist das sicherlich eine große Genugtuung, denn Sie haben Ihre Wurzeln in Mitteleuropa.

Mitteleuropa ist ein wesentlicher Teil Europas, es ist nicht Westeuropa, erst recht nicht Osteuropa, es ist einfach die Verbindung. Und Mitteleuropa ist ein ganz großer Kulturraum. Ich bin sehr glücklich darüber, dass das, was früher eine Einheit war, der Donauraum nun endlich wieder zusammenwächst. Der Donauraum war über Jahrhunderte eine Einheit und ist 1918 und dann nach dem Zweiten Weltkrieg gewaltsam auseinandergerissen worden. Die vielen Völker dieses Raumes waren auch immer auf eine innere Verständigung aus, haben auch immer auf ein Zentrum hin gravitiert, waren eine Gemeinschaft, mit einigen Ausnahmen. Die Serben haben sich immer nach Osten gerichtet, da spielt auch die Religion eine Rolle. Aber die Rumänen, die auch orthodox sind, waren immer nach Westen gerichtet, die sind da viel flexibler.

Die rumänische Orthodoxie ist wesentlich dialogbereiter als andere. Papst Johannes Paul II. hat Rumänien besucht, ihm lag die Verständigung mit den Orthodoxen immer sehr am Herzen. Er kam im übrigen auch auf Einladung des rumänischen Patriarchen in dieses Land – in anderen orthodoxen Ländern unendlich schwierig, wenn nicht undenkbar.

Die Orthodoxie in Rumänien ist sehr viel zivilisierter als in anderen Ländern. Da ist auch das Nationalkirchentum nicht so ausgeprägt.

Geht man in Zagreb ins Kaffeehaus, so fühlt man sich ähnlich, wie wenn man in Budapest, in Prag, in Krakau oder in Bratislava im Kaffeehaus sitzt. Wenn ich hinter Wien die langen Straßendörfer mit ihren kleinen geduckten Häuschen sehe, kann ich sicher sein, dass es diese Form der Dörfer bis ins Donaudelta in Rumänien hinein gibt. Die Menschen leben aus der gemeinsamen Geschichte heraus. Gibt es ein mitteleuropäisches Lebensgefühl?

Man spürt überall und immer wieder die Einheit dieses Raumes. Ich komme sehr viel herum und es ist wunderbar, das alles zu sehen. Selbst in Gegenden, die nie zur Monarchie gehört haben. Ich empfinde im Kosovo genauso Mitteleuropa, irgendwie sind das doch auch Mitglieder derselben Gemeinschaft. Man merkt, dass sie alle aus einer gemeinsamen Kultur leben. Auch die Serben. Es ist nur bedauerlich, dass diese sich in Richtung Moskau entwickelt haben, obwohl wir da auch einen Teil Schuld haben. Mit dem Schweinekrieg[30] haben Budapest und Wien sie in die Arme der Dynastie der Karageorgevic getrieben, die überwiegend antiwestlich und prorussich war. Wenn das damals anders gelaufen wäre, hätte es sicherlich nicht diese Entwicklung gegeben. Aber man hat das damals nicht vorhergesehen.

Es gibt einstmals vergessene Regionen Mitteleuropas, die heute wieder aufleben, beispielsweise Lemberg oder Czernowiz, d.h. Galizien und die Bukowina. Aus diesen Regionen kamen auch große Kulturleistungen. Das ist auch immer noch Mitteleuropa, nicht Osteuropa.

Galizien und die Bukowina gehören auf jeden Fall dazu. Und irgendwie sogar die Weißrussen, das merkt man sehr stark, wenn man mit ihnen spricht. Es ist wahrschein-

---

[30] Im Jahr 1906 sperrte Österreich-Ungarn die Grenzen für den Import von serbischem Schweinefleisch. Die Regierung Ungarns wollte damit die heimische Produktion fördern. Dieser sogenannte Schweinekrieg brachte Serbien an den Rand des Ruins, dadurch wuchs die Abneigung gegen die Donaumonarchie.

lich nur ein Irrtum, dass sie Weißrussen genannt werden, auf jeden Fall sind sie Mitteleuropäer. Osteuropa beginnt dort, wo Russland anfängt. Und ich meine, dass die Länder am Rande Mitteleuropas uns noch sehr viel geben können. Eben entdeckt man wieder die großartige Literatur, die aus diesen Regionen kam. Es ist doch logisch, dass das wieder hochkommt. Denn es ist auch bekannt, dass sich die Kulturen am Rande am stärksten entwickeln, weil sie sich selbst auch vertreten müssen.

Das Zusammenleben mit anderen Nationen fördert also die Kultur, denn man muss danach trachten, die eigene kulturelle Identität zu erhalten und zu stärken ...

Das sieht man sehr stark in Orten, in denen es die verschiedensten Nationalitäten gegeben hat und gibt. Beispielsweise in Siebenbürgen. Das ist verständlich. Da stoßen die ungarische Kultur, die rumänische Kultur, die deutsche Kultur aufeinander. Obwohl die deutsche Kultur erst relativ spät hereingekommen ist, hat sie auch heute tiefe Wurzeln. Ich habe gerade vor kurzem ein Gespräch gehabt über diesen Zusammenhang in Siebenbürgen. Es gibt viele Bürgermeister noch heute in den früheren deutschen Orten, die dort durch Rumänen und Magyaren gewählt werden. Da gibt es noch, sehr viele Fälle, wo die Deutschen eine Rolle spielen, aber es kann genauso umgekehrt sein. Es besteht ein tiefer kultureller Kontakt, der sich eben aus Grenzsituationen entwickelt. Eine typische Region für Grenzsituationen ist zum Beispiel die Bukowina, die auch am meisten für die liberale Behandlung der verschiedenen Minderheiten gemacht und am meisten erreicht hat. Das ist alles zerstört worden, das hat Hitler auf dem Gewissen.

Es ist schon eine untergegangene Welt. Vor kurzem las ich in den Erinnerungen einer Jüdin aus Czernowitz einen wunderschönen Satz: „Unsere Eltern sprachen mit uns Kindern deutsch, mit dem Dienstboten sprachen sie rumänisch, untereinander sprachen sie französisch und mit jedem Besucher, der vorbeikam sprachen sie dessen

Sprache, weil sie alle konnten, zwar nicht perfekt, aber immerhin.“

Das ist die Realität gewesen. Man darf nicht vergessen, dass es gerade die Juden waren, die die enge Verbindung zwischen allen Menschen dort gemacht haben. Daher auch diese merkwürdige – an sich merkwürdige – Sonderverbindung zwischen der Dynastie und den Juden. Kaiser Franz Josef zum Beispiel war bestrebt, die Juden in die Aristokratie von Österreich-Ungarn einzubinden, er hat sehr viele geadelt. Man sieht heute noch, wenn man durch den Donauraum reist, dass der Großteil der Industrie durch Juden aufgebaut worden ist, auch viele andere Sachen, die Verkehrssysteme. Und das ist bezeichnend für die Völkerverbindung. Man hat mich einmal gefragt, woher eigentlich die starke Verbindung zwischen der Dynastie und den Juden bei uns gekommen ist. Die Dynastie ist doch aus der Schweiz gekommen und vorher aus dem Elsaß, und ist dann in diesen Donauraum hineingekommen und hat dort große Dinge gemacht. Das gleiche ist es doch mit den Juden, sie kommen auch von draußen, aber sie sind dann ein effektives Verbindungselement zwischen all diesen Nationen gewesen. Also haben sowohl die Dynastie und die Juden integriert zwischen den Nationalitäten. Natürlich gab es auch Konflikte, aber in jeder guten Ehe gibt es Konflikte. Aber die Juden, in gewissem Sinne auch die Armenier haben viel Gutes gebracht. Die Armenier haben sind auch entwurzelt zu uns gekommen. Sie haben natürlich nicht die Dynamik der Juden, obwohl das nicht ganz sicher ist, denn sie waren nicht sehr zahlreich. Es ist nämlich eine Tatsache, dass gerade diese kleinen Völker, Verbindungsvölker sind, und ganz intelligente Völker. Die größeren Völker sind nicht so dynamisch wie diese kleinen.

Die Juden hatten eine spezielle Bindung an Österreich. Sie fühlten sich in diesem Staat gut aufgehoben. Einen brutalen Antisemitismus hat es dort niemals gegeben, eine Af-

faire Dreyfuss[31] *wäre wie in Frankreich niemals möglich gewesen.*

Da war die Atmosphäre in Österreich ganz anders. Kaiser Franz Joseph hat die Juden mit großer Klugheit behandelt, ohne ihren Beitrag hätte Österreich-Ungarn nicht diesen großen wirtschaftlichen Aufschwung gehabt. Die Juden haben in der Monarchie ihre Heimat gehabt und haben sich auch für diese eingesetzt. Außerdem gibt es noch eine Sache, die man berücksichtigen muss. Man sagt immer die Juden seinen intelligent und feig. Das stimmt nicht. In der österreichisch-ungarischen Armee waren die Juden unter den tapfersten Soldaten. Bei den Trägern des Maria-Theresien-Ordens, der für außerordentliche Tapferkeit verliehen wurde, hatten die Juden den größten Prozentsatz. Und einer der ersten Gefallenen des Ersten Weltkrieges war ein jüdischer Unteroffizier aus Galizien.

Der Kosovo hat zwar nie traditionell zu Österreich gehört, aber Österreich hat dort einen großen Ruf. Präsident Rugova hat selbst zu Ihnen gesagt, dass die drei Jahre im Ersten Weltkrieg, als der Kosovo von Österreich besetzt war, die besten des Kosovo in jenem unglücklichen 20. Jahrhundert gewesen sind.

Das ist mir auch in einem anderen Zusammenhang, noch im Europaparlament passiert. Da ist eine Gruppe aus dem Sandschak von Novi Pazar[32] gekommen, zu Beginn der 90er-Jahre. Und die haben von ihrer schlechten Situation erzählt und wie übel sie von den Serben behandelt werden. Ich saß unter den Zuhörern, aber die Leute aus Novi Pazar haben

---

[31] Als Dreyfus-Affaire wurde der Fall des aus dem Elsaß stammenden jüdischen Artilleriehauptmanns im französischen Generalstab Alfred Dreyfus (1859 bis 1935) bekannt, der Ende des 19. Jahrhunderts wegen angeblichen Landesverrats zu lebenslanger Verbannung und Haft verurteilt wurde. Insbesondere seine jüdische Herkunft wurde zum Beweis seiner angeblichen Schuld herbeigezogen. Die heftigen Debatten um seine Schuld oder Unschuld hatten weitreichende Auswirkungen auf die französische Innenpolitik und polarisierten mehrere Jahre lang die gesamte Gesellschaft. Erst 10 Jahre nach seiner Inhaftierung wurde Dreyfus freigelassen und rehabilitiert.

[32] Der Sandschak ist eine historische Region, die heute im Nordosten Montenegros und im Südwesten Serbiens liegt. Er ist hauptsächlich von Muslimen bewohnt.

nicht gewusst, wer ich bin. Gegen Ende der Sitzung hat der Führer der Gruppe noch etwas gesagt: „Wir haben ein furchtbares Leben hinter uns gebracht. In hundert Jahren hatten wir eigentlich nur vier glückliche Jahre. Das waren die Jahre, während derer wir von Österreich besetzt waren". Diese Erinnerung an Österreich in diesen Ländern ist grandios.

Auch weil Österreich einen bestimmten Stil hatte. Man hat die Menschen nicht unterdrückt sondern gefördert und auf die regionalen Besonderheiten und auf die Besonderheiten der Nationalitäten Rücksicht genommen.

Man hat ihnen Schulen und Krankenhäuser gebaut, man hat sie menschlich behandelt, was auch nicht selbstverständlich ist, wie man bei den Serben und dem Kosovo gesehen hat. Aber die Österreicher hatten diese Art. Wenn die Deutschen irgendwo hingekommen sind, haben sie zuerst eine Kaserne gebaut und dann die anderen Dinge, bei den Österreichern war das umgekehrt. Ich war kürzlich noch beim großen Jubiläum des Krankenhauses von Sarajevo, das von den Österreichern unmittelbar nach der Annexion Bosniens gebaut worden ist.

Glauben Sie, dass es in Mitteleuropa nach zwei Weltkriegen und nach dem Kommunismus wieder zu einer kulturellen Renaissance kommen kann, die an jene große Kultur anknüpft, die es einmal gegeben hat?

Ohne weiteres, weil noch sehr viel vorhanden ist. Hitler hat sehr viel zerstört, und was er nicht gemacht hat, haben dann die Russen vollbracht. Es wird auch ziemlich lange dauern, bis wir das, was war, wieder haben. Aber wir sehen doch, dass das alles wieder aus dem Boden kommt, in den verschiedensten Formen. Wir müssen diese vielfältige Kultur unbedingt am Leben erhalten.

Das war eigentlich keine multikulturelle Gesellschaft ...

... sondern eine Kultur an sich, aber eine vielsprachige Kultur.

Ist die multikulturelle Gesellschaft, wie sie so oft beschworen wird, überhaupt möglich?

Nein, denn sie wird von oben aufgezwängt. Wenn etwas vom kleinen, von unten entsteht, dann ist es gut, hingegen wenn etwas von oben aufgezwungen wird, ist es selten dauerhaft. Und dieses Mitteleuropäertum ist etwas, was von sich selbst entstanden ist, aber von oben gefördert. Die Integration lief ohne Zwang. Wenn man heute noch durch Ungarn fährt, wie viele Dörfer sind kroatische Dörfer, slowenische, slowakische usw. Und die Einwohner sind Ungarn, sprechen aber ihre eigene Sprache, und natürlich auch ungarisch. Das bereichert die Menschen, es bereichert die Völker, denn je mehr Sprachen man spricht, desto weiser ist man. Solche Gleichmacher wie Adolf Hitler, die haben diese echte Bereicherung für die Deutschen behindert.

Was hat die Minderheiten der kleinen Völker und Völkchen, Nationalitäten zusammengehalten?

Natürlich war es die Geschichte, sehr viel die Kultur. Und es kommt wieder. Ein typischer Fall ist doch die Universität von Czernowitz, die an ihre alte Tradition wieder anknüpft und wieder Kurse auf Deutsch anbietet. Das ist spontan, weil das wieder eine Anpassung an eine nicht mehr sichtbare Realität ist. So haben wir doch sehr, sehr große Fortschritte, werden wir auch weiter haben, denn der Nationalismus verblödet. Und die freiwilligen kulturellen Fortschritte schaffen auch geistigen Reichtum.

Gerade die Juden haben unglaublich viel zum kulturellen Leben in diesem Raum beigetragen. Beispielsweise die fantastische Lyrik von Uriel Birnbaum.

Er war ein großer Dichter. Als die Nazis gekommen sind, musste er nach Holland fliehen, weil er gewusst hat, dass ihm das nicht gut bekommen wird. Uriel Birnbaum hat sich vier Jahre in Holland versteckt und hat wie durch ein Wunder überlebt. Ich habe ihn nach der Befreiung besucht. Er war einer der ersten, die ich sah, als ich nach Holland gereist bin, nachdem es freigeworden ist. Seine Gedichtband „In Gottes Krieg“ ist genial. Er war ein typischer Galizianer Jude.

Sie haben auch Josef Roth gekannt?

Es hat damals in Paris eine sehr große Emigration gegeben, da waren doch alle dabei. Roth war typisch. Er ist an der Emigration zerbrochen und hat sich zu Tode getrunken. Es war nicht zu verhindern. Eines Tages ist sein Arzt zu mir gekommen und hat gesagt, ich sei die einzige Autorität, auf die er noch hören würde, ich solle ihm verbieten zu trinken. Und da habe ich ihn bestellt, er ist dann gekommen, sturzbetrunken und ich habe ihm gesagt, er soll aufhören. Und da hat er die Hacken zusammengeschlagen, hat gesagt „Jawohl, Majestät!“ und ist wieder davongetorkelt. Aber es war zu spät. Wenig später war er tot.

Die Kultur Burgunds

Sie haben einmal gesprochen, dass in Österreich-Ungarn der burgundische Geist gelebt hat. Was meinen Sie damit?

Der burgundische Geist war eben jener, der aus der Größe und Ausstrahlung Burgunds zu uns gekommen ist. Burgund war einst ein großes Gebilde gewesen ohne feste Struktur, aber mit einem eigenen Geist. Es war zusammengesetzt aus einer Anzahl kleinerer Staaten, die ihre eigene Entwicklung hatten, aber die gleichen Prinzipien. Es gab über 50 Herrschaften, über 50 Rechtsordnungen in diesem Burgund, und es hat funktioniert. Das war die Grundlage der Entwicklung. Wenn man die Geschichte studiert, dann beginnt diese Entwicklung noch mit dem „Regnum Arelatense“, diesem frühmittelalterlichen Reich im heutigen Süden Frankreichs, rund um Arles. Ich habe selbst erlebt, wie sehr dieses alte Reich noch in den Köpfen der Menschen weiterlebt. Vor vielen Jahren war ich einmal bei Valence in Südfrankreich gewesen und habe mich dort mit einem Bergbauern über das Wetter unterhalten. Dieser alte Bauer wies in Richtung Südwesten und sagte: „Il pleut déjà dans l’Empire.“, also es regnet schon im Reich.

Und dabei war das Empire schon über 1000 Jahre vorüber ...

Der Geist dieses Reiches hat sich später nordwärts, zuerst entlang der Rhone und weiter bis zu jenen Gebieten, wo es besondere Geniusse gibt. Beispielsweise ist eine der wichtigsten Gegenden die Franche-Comté, also die Gegend von Besancon. Es ist heute noch immer, dass meist die besten Beamten Frankreichs aus der Franche-Comté stammen. Es gibt offensichtlich einen örtlichen Genius der Region. Diese „translatio imperii" ist geschichtlich sehr interessant. Das geht, wie gesagt von Arles die Rhone hinauf, die Flüsse entlang bis in die Niederlande und von dort aus bis Burgund und Lothringen. Es ist eine geniale Sache die da heraufgekommen ist. Man kann auch feststellen, dass sich die Zivilisation, die Kultur an der Rhone entlang entwickelt hat. Dass Cluny dort liegt – und in unseren Tagen kommt Taizé dazu – der Geist von Cluny ist in Taizé wieder aufgewacht!

Der Burgund hat bis heute eine unglaubliche Kraft.

Zusammen mit der Franche-Comté war das eine geniale Verbindung, denn ohne Verwaltung geht es nicht. Aber das Goldene Vlies hat auch eine Rolle gespielt, die man staatsrechtlich nicht unterschätzen darf. Der Herzog von Burgund, der der Souverän des Ordens vom Goldenen Vlies war, durfte keinen Krieg beginnen ohne die Zustimmung der Ritter vom Goldenen Vlies. Und diese waren meistens von allen möglichen Nationalitäten. Wenn wir heute nach Dijon oder Beaune kommen ist es eindrucksvoll, welcher Geist dort noch heute herrscht. Leider kam dann der französische Imperialismus auf. Bis heute gibt es noch in Lothringen die Erinnerung an die Kämpfe der Franzosen gegen die Lothringer und für gewisse Lothringer ist Frankreich zumindest sprachlich noch immer Ausland.

Das gilt doch auch manchmal umgekehrt – überzeugte Franzosen sagen noch heute, dass Frankreich hinter der Champagne aufhört.

Aber gleichzeitig sind die Lothringer doch auch die, die ganz Frankreich wirklich treu gedient haben. Beispielsweise Maréchal Lyautay. Lothringen hat Frankreich auch etwas Besonderes gegeben. Man kann das auch daran sehen, dass General de Gaulle als sein Symbol das Lothringer Kreuz gewählt hat.

Und der burgundische Geist ist dann irgendwann auch die Donau entlang gewandert …

Über Lothringen, aber auch über die Niederlande, die zwar spanischer Besitz waren, aber sehr nach Zentraleuropa orientiert. Eine weitere Translatio imperii hat es dann in gewissem Sinne unter Maria Theresia gegeben. Im deutschen Raum haben verschiedene Hungersnöte gewütete und Maria Theresia hat die Menschen eingeladen, zu kommen und Gebiete im heutigen Ungarn und Rumänien zu besiedeln. Mit den berühmten „Ulmer Schachteln" sind sie dann die Donau hinunter gefahren, haben das Land bestellt und sind als gute Schwaben sehr gute Bauern geworden. Bis sie dann am Ende des Zweiten Weltkrieges ausgesiedelt wurden, was ein Elend für die dortige Bevölkerung und das Land bedeutet hat.

Karl V. – Kaiser für Europa[33]

Ein großer Herrscher, schon mitten in der Zeit der Renaissance, aber noch verhaftet im Mittelalter war Karl V., eine faszinierende Persönlichkeit. Sein Reich hat eine ungeheuere Ausdehnung gehabt. Es war schon ein Modell für Europa.

In der Tat und zwar auf allen Gebieten. Eine große Rolle hat auch der Orden vom Goldenen Vlies gespielt, über den wir bereits gesprochen haben. Es ist doch besonders interes-

[33] Otto von Habsburg hat selbst eine Biografie über seinen großen Ahnherren geschrieben: „Karl V. – Kaiser für Europa", die 1990 bei Amalthea in Wien erschienen ist.

sant, dass der Herrscher ohne die Zustimmung der Vlies-Ritter keinen Krieg erklären konnte. Das hat schon als Bremse gewirkt, denn es hat auch beispielsweise französische Ritter darin gegeben, sodass gegen Frankreich nicht so ohne weiteres ein Krieg erklärt werden konnte. Es wäre bis zum heutigen Tage sinnvoll, wenn man das Recht, Krieg zu erklären, an gewisse verfassungsmäßige Grundsätze binden würde.

Worin besteht die Bedeutung Karl V. für Europa?

Am meisten wohl bei seiner Vielsprachigkeit, bei seiner Öffnung nach Spanien und nach Übersee, durch seine stark burgundische Einstellung, die aus seiner Erziehung und seiner Jugend kommt und durch diese beginnende Translatio imperii aus dem Burgund nach dem Westen Europas.

Karl V. hat aber fast sein ganzes Leben lang mit der Reformation gekämpft.

Er war natürlich als katholischer Kaiser dem Papst zur Treue verpflichtet. Wenn man jedoch die ganze Geschichte, das Verhalten des Kaisers gegenüber Luther studiert, muss man sagen, dass, wenn es einen anderen Papst gegeben hätte, die Reformation so nicht gekommen wäre. Es wäre ausgegangen in einer Reform innerhalb der Kirche mit ganz anderen Konsequenzen. Es hätte keine Spaltung der Kirche gegeben und auch keine Religionskriege in Deutschland und anderswo.

Am Ende hat er sich fast mit Luther wieder versöhnen können.

Er war immer ein stiller Sympathisant, weil er – mit Recht – gesagt hat, gewisse Dinge hat Luther zu Recht angeprangert. Aber Rom hat ihn sehr gebremst. Und er war treu zum Papst und gehorchte, ich möchte fast sagen zähneknirschend. Aber die Kirche hat damals wirklich eine Reform gebraucht. Karl war ein Mensch, der der Reform sehr nahe gestanden ist, der aber gezwungen war, auf der anderen Seite zu stehen.

Bis in unsere Tage ist das tragisch. Als sich Karl am Augs-burger Reichstag mit Luther fast versöhnt hatte, war die Reformation schon zu weit fortgeschritten. Seit dem Anschlag der Thesen in Wittenberg waren fast 30 Jahre verstrichen, das entspricht einer Generation. Die Kirchen waren ausgeräumt, der Bildersturm hatte bereits stattgefunden und die Fürsten in Deutschland hatten die Reformation eher benutzt, um ihre eigene Stellung auszubauen und den Kaiser zu schwächen. Die große theologische Sorge war der Beweggrund für die wenigsten der Fürsten.

Bei den Fürsten ganz und gar nicht. Vielleicht bei Moritz von Sachsen. Der Sachse war doch eher ein Intellektueller, der das sehr diskutiert hat. Man kann annehmen, dass er von den Ideen bewegt war, aber das war bei den anderen Fürsten nicht der Fall. Sie haben die Reformation aufgegriffen, um ihren Einfluss zu erweitern. Außerdem ist die finanzielle Seite dazu gekommen, die für viele ganz entscheidend war. Die Kirche hatte doch große finanzielle Steuerprivilegien besessen. Und wenn ein Fürst in seinem Gebiet die Kirche entmachtet hat bzw. für die Reformation eingetreten ist, hat er sich auch gleichzeitig der Steuerprivilegien bemächtigt.

Karl V. war auch ein „Reisekaiser", er ist sehr viel gereist, es hat keinen klassischen Regierungssitz gegeben.

Das ist eine lange Tradition, die es in den arabischen Ländern bis heute gibt. Auch der König von Oman reist derzeit mehrere Monate des Jahres herum, fährt durch die Dörfer und wenn ein Mensch an der Straße steht und ein Zeichen gibt, bleibt er stehen. Der Mann kann dann mit dem König direkt sprechen und ihm sagen, was er wünscht, was für Probleme er hat etc.

Es hat etwas für sich gehabt – die Nähe zwischen dem Volk und dem Herrscher.

Das gibt es leider in Europa nicht mehr. Aber es war bestimmt eine gute Sache. Wie sinnvoll diese Reisen des Staatsoberhauptes sind, zeigt in unseren Tagen die erfolgreiche Politik der katholischen Kirche seit Papst Johannes Paul II. und Benedikt XVI. Diese Päpste haben mit diesen

Reisen viel in der Welt erreicht und die Rolle der Kirche wesentlich gestärkt. Der Neubeginn der Kirche als moralische Mitte ist heute nicht nur bedeutend kräftiger, die Kirche ist auch ein echtes Zentrum des katholischen Raums.

Die Ausstrahlung der Krone

Noch mal zum Heiligen Römischen Reich. Es hat knapp tausend Jahre gehalten, es war ein loser Zusammenschluss, immer Veränderungen unterlegen, aber es hat gehalten. Nicht durch harte Gesetze, sondern weiche Strukturen. Heute haben wir das Umgekehrte, wir haben harte Strukturen, der Zusammenhalt aber ist fraglich.

Das lag aber auch an der Ausstrahlung der Krone. Eine Krone ist etwas sehr bedeutendes, weil sie doch die Menschen sehr beeinflusst. Das sieht man auch in Ungarn mit der Heiligen Stephanskrone, die für das Volk eine große moralische Macht hat. Mit den Kriegswirren ist die Stephanskrone in die USA gekommen und war dort in Fort Knox aufbewahrt. Und die Kommunisten haben sich dann in den 70er-Jahren darum bemüht, dass die Krone wieder nach Ungarn kommt. Ich habe das damals unterstützt, denn selbst die Kommunisten hatten mehr Ehrfurcht vor der Krone als die Amerikaner. Die Stephanskrone ist der eigentliche Träger der Souveränität, es war nicht der König, der nur der Diener der Krone ist. Und das ist mit der Reichskrone ähnlich gewesen.

Auch die Reichskrone hatte ein ähnliches Schicksal wie die Stephanskrone. Es gibt ein berühmtes Foto, auf dem ein amerikanischer Soldat abgebildet ist mit der Krone auf dem Kopf und der Zigarette in der Hand. Heute ist die Reichskrone und die Reichsinsignie in der Schatzkammer in Wien aufbewahrt. Und dabei gehören sie nicht Österreich, sondern die Reichsinsignien gehören sich selbst. Eine interessante rechtliche Konstruktion.

Das ist doch die juristische Folge aus der Bedeutung der Krone. Und wenn man die Kronen anschaut, ist doch auf ihnen das politisch-theologische Programm abgebildet. Der Herrscher als Diener Gottes dem gegenüber er auch einmal verantwortlich ist. Das haben die Menschen damals gewusst. Eine Krone ist etwas Mystisches und ein Symbol. In einer Zeit, als es noch keine Verfassungen gegeben hat, war die Krone die Verfassung. Mit der Anbindung an Gott war man nicht frei zu handeln, man konnte nicht irgend jemanden umbringen, wie man es heute ohne weiteres kann, weil man nicht mehr diese höhere Autorität hat. Ich denke da auch an den Gottesbezug in der Verfassung. Der Kampf gegen den Gottesbezug ist doch durchaus grotesk. Aber es scheinen gewisse Leute nicht zu verstehen, dass ohne Gott auch die Menschenrechte nichts nützen. Selbst der, der nicht an Gott glaubt, ist dadurch besser geschützt, als wenn man sich nur auf irdische Grundsätze stützt.

Kronen haben bis auf heute ihre Ausstrahlung …

Sie haben eine sehr große Ausstrahlung. Man darf auch nicht die Wenzelskrone in Prag vergessen. Oder auch die Eiserne Krone der Lombarden. Das sind alles Kronen mit einer Gottesverbindung, und ohne die ist die Krone nicht mehr als ein Zylinder. Das sieht man auch wenn man einer Krone gegenübersteht, was man da für ein Gefühl von der Geschichte hat.

Politik seit 1273

Kaiser Rudolf ist 1273 Kaiser des Heiligen Römischen Reiches geworden. Seither spielt Ihre Familie immer an erster Stelle in der europäischen Politik mit. Zu Ihren Vorfahren zählen 17 Kaiser des Reiches und Österreichs, aber auch zahlreichen andere europäische Herrscher. Haben Sie besondere Vorbilder unter Ihren Vorfahren?

Natürlich – Karl V. ist einer der wichtigsten unter ihnen.

Außerdem mein Vater, aber das liegt auf der Hand. Und auch Kaiser Franz Josef, mit all seiner Ausstrahlung und seines hohen Arbeitsethos und seinem Sinn für die Pflicht. Irgendwie lebt er heute noch. Er wurde zum Symbol seines Reiches.

Manchmal nennen Sie auch Kaiser Friedrich III.

Aber das mehr als aus einem Grund. Es ist der Mann, der seine Politik für seine Nachkommen gemacht hat. Er hatte viele Rückschläge in seinem Leben, weniger große Erfolge. Aber wenn man schaut, was seine Nachfolger für Erfolge hatten, dann sieht man, dass diese immer schon von Friedrich III. vorbereitet waren. gehabt und wenn Sie dann sehen, wie die späteren Erfolge gehabt haben – vorbereitet hat es fast immer Friedrich III. Er hat immer über die eigene Zeit hinausgeschaut.

Hat es denn Habsburger gegeben, die ihre Aufgabe nicht so gut erfüllt haben?

Solche hat es bestimmt gegeben. Es hat schwächere gegeben, es hat stärkere gegeben. Direkt schlechte hat es keine gegeben. Wir haben nie einen König Playboy gehabt. Die Erziehung war doch sehr stark auf die Verpflichtung orientiert. Und das Transzendente hat eine Rolle gespielt, hat eine entscheidende Kraft gehabt und der Familie Halt gegeben.

Was war das besondere an Kaiserin Maria Theresia?

Sie war erst einmal eine sehr große Persönlichkeit. Sie war in ihrer Zeit die erste Frau, die eine wirklich große politische Rolle gespielt hat und außerdem sehr weise war. Dass man heute noch ihre Sätze zitieren kann zeigt, was das bedeutet, zum Beispiel: ein Gesetz ist nur dann legitim, wenn es der letzte Schweinehirt in Galizien versteht – das würde doch kein hiesiger Politiker sagen. Weil da noch die Legimität eines Gesetzes eine Rolle spielte, das tut es ja jetzt nicht mehr. Man ändert das Gesetz wie es einem gefällt. Und damals hat noch die Verpflichtung vor Gott eine große Rolle gespielt.

***

Schlussbemerkung

Zunächst möchte ich vor allem Dr. Otto von Habsburg danken, dass er sich für diese Gespräche Zeit genommen hat. Vor Beginn habe ich ihn gefragt, was ihm am wichtigsten ist und auf diese Gesprächsschwerpunkte haben wir uns konzentriert.

Seit fast 12 Jahren habe ich die Ehre und die Freude, für Otto von Habsburg zu arbeiten, zunächst als parlamentarische Assistentin im Europäischen Parlament, anschließend als seine Pressesprecherin in Pöcking. In dieser Zeit habe ich unendlich viel vom ihm lernen dürfen.

Vieles, was Otto von Habsburg im Laufe seines Lebens prognostiziert hat – manches Mal auch belächelt von seinen Zeitgenossen – ist eingetroffen. Als viele in Europa noch an die Endgültigkeit der Jalta-Grenze glaubten, machte Otto von Habsburg schon die Pläne für die Zeit nach dem Fall des Eisernen Vorhangs. Seine politische Analysekraft ist ungebrochen, und es vergeht kein Tag, an dem auch ich nicht etwas Neues von ihm höre. Ich bin dankbar, dass ich für diese einmalige Persönlichkeit arbeiten kann.

Eine besondere Freude und Aufgabe war es für mich, zusammen mit Stephan Baier die Biografie über Otto von Habsburg zu schreiben, die mittlerweile in der fünften Auflage erschienen ist und im kommenden Herbst anlässlich des 95. Geburtstages neu überarbeitet bei Amalthea in Wien erscheinen wird.

„Otto von Habsburg. Die Biografie“ sei hiermit dem Leser ans Herz gelegt, der eine ausführliche Beschreibung des Lebens und der Politik von Otto von Habsburg sucht.

Meinen Dank möchte ich auch aussprechen an Erich Lejeune, der dieses Buch angeregt und mitgestaltet hat. Erich Lejeune und ich haben einige Gespräche mit Otto von Habsburg gemeinsam geführt und diese Begegnungen zu dritt waren immer sehr anregend und inspirierend. Vor allem die Motivation Otto von Habsburgs und seine ungebrochene Aktivität haben Erich Lejeune inspiriert, dieses Buch zu machen.

Und schließlich danke ich allen, die, in welcher Weise auch immer, geholfen haben, dass dieses Buch entstehen konnte. Vor allem Frau Angelika Germann gebührt Dank, die in akribischer Arbeit die Interviews genau und präzise abgeschrieben hat.

Eva Eleonora Demmerle

Feldafing, April 2007

Bibliografie

1935 „Coutumes et droits successoreaux paysans en Autriche“, École des Sciences Politiques et Sociales, Universität Löwen (Belgien), Dissertation

1953 „Entscheidung um Europa“, Tyrolia, Innsbruck
Spanisch: „Europa en la Encrucijada“, Editoria Nacional, Madrid 1954
Niederländisch: „Het lot van Europa“, Spectrum, Utrecht 1954
Portugiesisch: „A hora decisiva da Europa“, Aster, Lisboa 1955
Ungarisch: „Döntés Európáról“, Amerikai Magyar Kiadó, Köln 1955

1955 „Probleme des Atomzeitalters“, Tyrolia, Innsbruck
Spanisch: „Problemas de la Era Atómica“, CEDI, Madrid 1956

1957 „Soziale Ordnung von Morgen“, Herold, Wien 1957
Spanisch: „Economía y Sociedad en la Crisis del Siglo XX“, Instituto Social León XIII, Madrid 1957
Englisch: „The Social Order of Tomorrow“, Oswald Wolff, London 1959
Ungarisch: „A holnap társadalmi rendje“, Amerikai Magyar Kiadó, Köln 1959
Französisch: „L'Ordre Social de demain“, Desclée, Paris 1960

1958 „Bernhard von Baden“, Friedrich Vorwerk, Stuttgart 1958

1961 „Im Frühling der Geschichte“, Herold, Wien 1961

1962 „L'Extreme Orient n'est pas perdu“, Hachette, Paris
Deutsch: „Der Ferne Osten ist nicht verloren“, Herold, Wien 1963

1963 „Européens et Africains – l'entente nécessaire", Hachette, Paris 1963
Deutsch: „Afrika ist nicht verloren", Herold, Wien 1964
Spanisch: „Europa y Africa – Vinculos Permanentes", Espasa-Calpe, Madrid 1963

1963 „Europa – Großmacht oder Schlachtfeld", Herold, Wien 1963
Französisch: „Europe – champs de bataille ou grande puissance", Hachette, Paris 1966

1966 „Gottes Hand in der Geschichte", Herold, Wien 1966

1967 „Charles Quint", Hachette, Paris 1967
Deutsch: „Karl V.", Herold, Wien 1967
Spanisch; „Carlos V", Espasa-Calpe, Madrid 1968
Englisch: „Charles V", Weidenfeld and Nicolson, London 1970
Italienisch: „Carlo V", ECIG, Genua 1993
Ungarisch: „V. Károly egy európai császár", Európa könykiadó, Budapest 1994

1969 „Bientot l'an 2000", Hachette, Paris 1969
Deutsch: „Politik für das Jahr 2000", Herold, Wien 1968
Spanisch: „Una Política para el Ano 2000", Ediciones Iberoamericanas S.A., Madrid-Buenos Aires 1969
Spanisch auch als Taschenbuch unter dem Titel: „Nuestro Mundo en Marcha", Salvat, Barcelona 1970
Portugiesisch: „Brevemente O Ano 2000", Empresa Nacional de Publicidade, Lisboa 1970

1969 „Les Transports de l'Europe", Centre de Recherches Européennes, Lausanne 1969

1971 „Damals begann unsere Zukunft", Herold, Wien

1973 „Rudolf von Habsburg", Herold, Wien

1974 „Bis hierher und weiter", Herold, Wien

1974 „Die Heilige Hedwig von Schlesien und unsere Zeit", Herold, Wien

1975 „La Naissance d'un Continent" (mit Guy de Chambure), Grasset, Paris

1976 „Idee Europa – Angebot der Freiheit", Herold, München

1978 „Karl IV. – Ein europäischer Friedensfürst“, Herold, München

1979 „Jalta és ami utána következett“, Griff, München

1980 „Europa – Garant der Freiheit“, Herold, München

1986 „Die Reichsidee. Geschichte und Zukunft einer übernationalen Ordnung“, Amalthea, Wien, München 1986
Französisch: „L'Idée impériale. Histoire et avenir d'un ordre supranational“, Presses Universitaires, Nancy 1989

1989 „Macht jenseits des Marktes“, Amalthea, Wien, München

1991 „Zurück zur Mitte“, Amalthea, Wien, München
Englisch: „Return to the Center“, Ariadne Press, Riverside CA 1993

1992 „Igy láttam...“, Vörösváry Publishing Co., Budapest

1992 „Európáért“, Tevan, Budapest

1992 „Nicht geschossen ist auch verfehlt“, Finanz und Wirtschaft, Zürich

1993 „Uvahy o Evrope“, Panevropa, Prag

1994 „Mémoires d'Europe“, Criterion, Paris

1995 „Friedensmacht Europa. Sternstunden und Finsternis“, Amalthea, Wien, München

1999 „Die Paneuropäische Idee. Eine Vision wird Wirklichkeit“, Amalthea, Wien, München
Kroatisch: „Paneuropska Ideja. Vizija postaje zbiljom“, Pan-Liber/Hrvatska Paneuropska Unija, Osijek/Zagreb/Split 1999

2006 „Unsere Welt ist klein geworden. Die Globalisierung der Politik.“ Amalthea, Wien-München

2007 „Le Grand défi européen“ Entretiens avec Jean Paul Picaper. Editions Fayard, Paris

AHNENTAFEL
(auszugsweise)

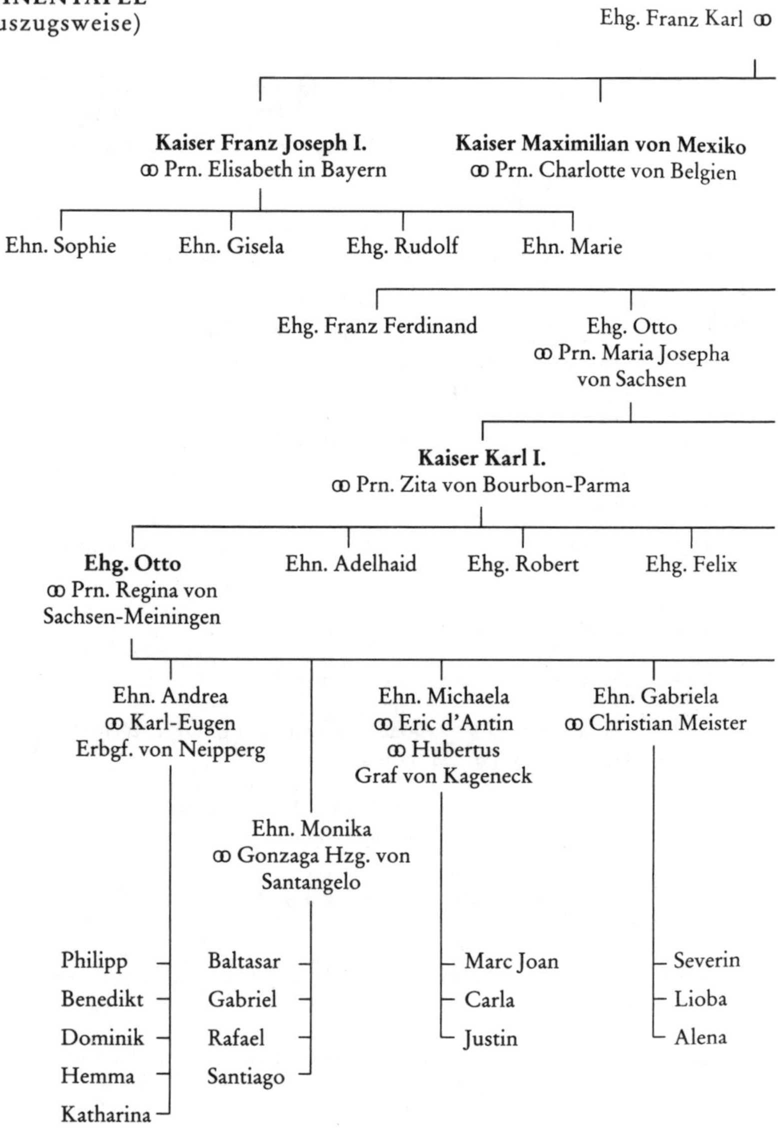

Prn. Sophie von Bayern

Ehg. Karl Ludwig
ꝏ Prn. Margarethe von Sachsen
ꝏ Prn. Maria Anna von Sizilien
ꝏ Prn. Maria Theresia von Portugal

Ehn. Maria Anna

Ehg. Ludwig Viktor

Ehg. Ferdinand

Ehn. Margarethe Sophie

Ehn. Maria Annunziata

Ehn. Elisabeth Amalie

Ehg. Maximilian Eugen Ludwig

Ehg. Carl Ludwig

Ehg. Rudolf

Ehn. Charlotte

Ehn. Elisabeth

Ehn. Walburga
ꝏ Gf. Archibald Douglas

- Mauritz

Ehg. Karl
ꝏ Baroness Francesca von Thyssen-Bornemisza

- Eleonore
- **Ferdinand**
- Gloria

Ehg. Georg
ꝏ Hgn. Eilika von Oldenburg

- Sophie
- Ildiko
- Karl Konstantin

Personenregister